入門・法文化論

池田政章 著

信山社
SHINZANSHA

まえがき

本書は、端的にいえば、二〇一八年に刊行した前著『法文化論序説』(上)・(下)の「要約版」である。

前著について、さる法学部教授に評価をきいたところ、「一、〇〇〇頁もあり上下二巻と聞けば、まず手にとって読む気が失せる」、「読み出したところ、流れるように文章は頭に入るが、難解である」というのが率直な意見であったと担当編集者がいう。

そこで検討の結果、普及版をつくれないかという話になり、出来上ったのが本書である。

正直言って、前著を書いたときは、どういう方法で何を中心に据えて論を運べばいいかについて私自身明確になっていたとはいえなかったのである。いいかえれば、日本文化について総て(?)書き継いでいけば、日本法文化についての特質が生みだせると考えたにすぎなかったともいえる。

前著を書き終えた時にようやく、方法論や、結論部分について、私の頭が明確になったと感じていた。

だからというわけで、「普及版として要約版を出そう」という私の言い分について担当編集者も快諾し、書き上ったのが本書である。

しかしながら、本文における難解な部分の説明について『序説』同様に残っているものは言い換えることはできていない。例えば「キリスト教と日本宗教の比較」の説明などについて易しく解説することなどである。私の筆力の問題もあろうが、宗教の例では不可避的であろう(?)。

ともかく『序説』より本書『入門』の方が結論に至る説明が判り易くなったと私は感じている。

これからの法学教育について『文化』の一部としての法の説明が加わってほしいというのが私の願いであり、本書はその入口であるとの気持を込めて書いたつもりであるが……。

恐らく本書が、私にとって、最後の論稿になるだろうと思っている。つまり、本文のいたるところで人生の一駒が頭に浮んだことを思うと、本書の「まえがき」でそれを述べたくなったことを許していただきたい。

それは私の生涯で「死に目に遭った二つの事実」である。

一つは私が小学二年生のときに、いわゆる『室戸台風』に大阪(此花区)がおそわれ、三メートル(?)を越える津波を目の前にしたこと。両親に抱かれて道路の向う側の『住友電線ビル』に飛び込み三階から道路をみたときに、人が泳いでいるのを目にしたことである。

二つ目は、東京大学在学中に肺結核を患い、長期の休学を余儀なくされたとき、私の治療に始めから終りまで当たっていただいた旧制高校の先輩で東大沖中内科の医局にいた彦坂亮一さんと、毎週見舞いに訪れて介護していただいた東大の同期生・深沢京子さんのお二人を思い出さずにはいられず、感謝を捧げたいことである。

最後に一言、いや二言。肺結核の予後は「肺性心」である。その状態のなかで私は「古寺遍歴」を始め、加えて、自民党政府の「憲法調査会」に対抗して組織された「憲法問題研究会」の書記役を仰せつかった。そのため、日本学術会議の会員推薦も辞退した。「憲法問題研究会」で久野収さんの知遇をいただき、対話の機会に「欧米流の新憲法が日本文化のなかに根付くと思うか」と問われた。

おかげで法文化のテーマに関心をもっていた私の背中が押され、本書への道を辿ることになったわけである。

二〇二一年一一月

まえがき

目次

まえがき……i
第一章　「法文化」とは何か……1
第一節　〝法文化論〟という問題提起……1
第二節　隣人訴訟のおくりもの……6
第三節　「道理が法を破る」……7
第四節　道理とは何か……11
第五節　「法」観念の分裂……14
第二章　「法文化」の基層にみる日本文化……19
第一節　「法文化」の比較……19
第二節　自然と風土……21
第三節　言　語……24
第四節　心理と論理(一)……41

目次

第五節　心理と論理㈡……63
第六節　感性と美意識……97
第三章　ヨーロッパ「法文化」の表層……115
第一節　ヨーロッパの都市……115
第二節　都市の成立……122
第三節　ヨーロッパの誕生……137
第四節　ヨーロッパ中世の時代思潮……153
第五節　中世都市の景観……160
第四章　比較「法文化」の深層……177
第一節　自然と宗教……177
第二節　一神教と多神教……178
第三節　多神教にみる法文化……182
終章　憲法文化について……190

目　次

第一節　民主政治について……190
第二節　立憲政治について……193
第三節　司法について……195
第四節　基本的人権（とくに「個人の尊厳」）について……197
第五節　おわりに……197
あとがき
著作者索引

第一章　「法文化」とは何か

第一節　〝法文化論〟という問題提起

(1)　自給自足の生活で〝孤独〟を楽しむ人間でも生活のどこかで他人とのつながりがあると思う。こうした自分以外とのつながりは、まずは親族に始まり、他人との地縁関係・職業仲間などで小社会をつくっているのが通常の生き方である。

これらの小社会においても、人とのつながりについてルールが自然につくられることは間違いない。つまりは〝人間は社会的動物〟（人間に限らないが、人間は社会化のレベルが高い）であり、社会維持のための規制手段として、一般に社会のレベルで〝しきたり〟・〝おきて〟をつくっていることは周知であろう。

それが「社会あるところ法あり」という法諺として、法哲学の講義冒頭の説明対象になっていることは、知る人ぞ知るである。

しかしながら、社会学では「社会あるところ文化あり」で法は文化の一部にすぎないというだろう。何故なら、人間の文化には〝規制の文化〟のほか〝欲望充足の文化〟があるからである。

ところで、こういう話について述べたのは、すでに戦前において、著名な法哲学者の指摘があり、それが本書でいう「法文化論」の〝はしり〟だと思うからである。

(2) 一九二八年、恒藤恭（以下敬称略）は「法律生活は例えば宗教生活、芸術生活、経済生活等と並んで人間の歴史的・文化的生活の一方向を形成する……」と、〝法と文化〟について一瞥を与え、三一年に「法律現象は経済現象、政治現象、宗教現象、芸術現象、学問現象等々と並んで文化現象もしくは（広義における）社会現象の一種別をなすもの……」と論じ、のちに『法の基本問題』（一九三六年）に収められた。

が、さらに三五年に、より筆力を込めて「法の本質の考察を企てるに当たって、実在の世界から隔絶せるものとしての規範の世界もしくは当為の世界から出発すべきではなく、諸種の規範を産出して、その規制に服しながら生成し、発展して行く社会的実在に着眼する必要があり、「社会的実在は文化の世界であり、法を中心にして形成される法的文化は社会の裡に包容される文化の一分域として特有の地位を占める」と、法の本質の考察における「文化」の視点を説いた。

筆者は思う。彼は何を考えて法律をとびこえて法学研究の必要性を説いたのだろうか。その目的は、それを考えるための道筋をどうつけようか、また、その発想はどこから得たのだろうかと。

発想については思い当たることがあるので一筆記すことにする。それはドイツの民族法学者J・コーラで、〝何でも屋〟といわれた博学の人。世界法史学の完成をめざして文化現象としての法を探求しようと大作を著した人である。

彼はいう。最も遅れた非文明民族でも、その人間形成は何千年もの発展の結果であり、その進化の研究については文化全体がいかに深く人間の魂のなかに根を下ろしているかを示すことにあると、〝しきたり〟や〝おきて〟と文化の発展にみられる相関関係を強く説いているのである。これが一九一四年であるから、恒藤の眼にとまっただろうと推測しうるであろう。

何故ならコーラに応ずるように、恒藤は『法の本質』において、幼稚で未成熟な形態の法的文化も近代になって成熟期に到達したということができると、〝法的文化〟の発展史観を展開しており、コーラ学説が投影していると考えられるからである。

しかも前述したように法も文化の一部であるということを「法的文化」という言葉で表

第一節　“法文化論”という問題提起

現していることに注目したいと思う。しかし、恒藤は「法的文化」についてその後は黙して語らずであった。

因みに「法的文化」と唱えたことに対する筆者の推測であるが、当時における〝法文化〟の用語は「法文・化」と読み、立法化の文章を法律の型に従って条文化することであり、政府の法律専門家（法制局は戦後）に委せる作業のことと認識されていたからだろうと。

(3)　ところで、法によって社会が成りたっているということを歴史的事実に照らして調べれば、それこそ千差万別である。そのため、国別の法についての違いを比較検討する「比較法学会」という専門家集団が成立していることは日欧共通の常識となっている。
比較法学会では、外国法と自国法との違いを論じて、自国法の参考にしたり外国法適用のさいの留意事項に供するためである。

もっとも、そのさい研究対象とされる国は、英・米・独・仏の法先進国とロシアぐらいであり、条文解釈とその実態が参考とされる程度である。つまりは、自国法との違いがなぜ生ずるのかについて目は届いていないのが比較法学の初期の状況であった。

しかし、それに対して警鐘を鳴らした研究者がおり、「すべからく『比較法学』は比較法文化論でなければならない」と力説した（一九七〇年）。それがフランス法研究の大家、野田良之である。

野田はいう、「フランスでフランス法が働いているその姿と、日本でフランス法に非常に似ている日本法が働いている姿とでは非常に違う」。「これは、法を一部とする文化全体の性格が違うということから生ずる」のであるから、「文化の全体からそれを切離して比較したのではあまり実りがない……比較をするとすれば文化的比較でなければならない」。「結局それは、法を文化と切離さないで、文化の一部として、文化全体の中で法を見るという見方になる」。

「比較法文化論」の中心的課題の一つが「ものの考え方、感じ方、それから行動の仕方、その全体をひっくるめてメンタリティあるいはマンタリテというふうに呼びますと、文化を支えている人々のマンタリテの相違がそれぞれの文化全体の特徴としてあらわれてくるのではないか、だからそういうマンタリテを相互に比較することが重要だ」という。

野田は、この文の執筆以前に、フランスの比較法雑誌にフランスの法治主義は日本では徳治主義に当たるとして、文化の違いによる法観念の違いについて執筆しており、それが彼の法文化論議に発展したと筆者には理解しうる（野田の徳治主義は誤りで日本も法治主義であったと反論する論文が大木雅夫によって執筆されているが）。

それはともあれ、筆者も野田論文と同じころ、〝憲法意識〟に対する関心から、日本国憲法は日本社会にうまく根付くのかという疑問をもっていた。動機はいわゆる〝隣人訴訟〟である。これこそ法文化を論ずる裁判事件として恰好の素材だと感じた。

第二節　隣人訴訟のおくりもの

(1)　事件がおきたのは一九七五年というから日本国憲法ができてから三〇年もたったころのことで、それに基づき民法も新法になって国民の意識もそれに馴染み始めたころの話である。

外でわが子を遊ばせていた隣人の奥さん（B）に、わが子を預けて外出した母親（A）が帰宅して受けとろうとしたところ、その子はBの眼を離れて近くの池で溺れ死んでいるところがみつかったというのが事件の始まりで、AはBに対し準委任契約の定める注意義務違反で裁判所に不法行為による損害賠償請求訴訟をおこしたのである。

津地裁判決が一九八三年二月二五日に行われ、賠償金を支払えとの判決が新聞に掲載されると、世情は騒然となった。〝近所の誼み〟で子供を預けたのだから、たとえ相手の不注意があったにせよ、裁判で損害賠償を請求するという原告のやり方が気にくわぬと投書されたり罵られたりで、結局、Aは訴訟を取り下げ住所を移さなければならないという結果になったのである。

新聞のいいネタなのはもちろんで、星野英一編『隣人訴訟と法の役割』（一九八四年）という著書が出版され、学会でも報告テーマに取り上げられたという民事の大事件（？）であった。が、学界では準委任契約か寄託かなど民法上の問題として議論されるにとどまっていた（と想起する）。

他の専門家の感想にも、原告の権利意識に感心するものもあれば、人間関係の合理的処理はギスギスした地域社会を作ることになりはしないかと懸念するということで新しいコミュニティ論を提案する意見もだされていた。いわば人倫派と権利派を分かつ問題とはいえ、感想は十人十色となる社会的事件として受けとめられた。

第三節　「道理が法を破る」

(1)　こうした経緯のなかで、筆者が思いついた法文化論的アプローチが「『道理が法を破る』――固有法と継受法のせめぎあい」（法学セミナー三五六号）という一文である。

やはり〝徳治主義〟は生きていたのか。徳治主義の上に法治主義がかぶさり、コラボレーションしているわけだが、徳治主義が〝ホンネ〟で、法治主義が〝タテマエ〟といった方がわかりやすいかもしれない。

ここで〝道理〟というのは〝近所の誼み〟のことで、「向う三軒両隣り」といえば、それは「世間の道理」として古くから使われており、いわば慣習法に近い諺である。日本の固有法といっていいだろう。

継受法とは明治になって欧米に倣い、西欧から移入した民法であって、「道理が法を破る」の意味は、したがって〝世間の道理〟という慣習（研究者のなかには「生ける法」と称する人もいる）が民法に優位したというのが一般の常識であるということを述べたのである。

そこで「世間の道理」といわれるものが、どうして一般国民の常識にまでなっていたかを考えてみたい。

とりあえず「世間」とは梵語の訳語で〝世俗〟の意味であり、仏教語として一〇義に及ぶという（中村元）。

日本語として、万葉集・今昔物語・懐風藻・竹取物語・好色一代女・大鏡・平家物語・日本永代蔵・沙石集など、八世紀から一七世紀にわたって使われており、長期間通用した常套句である。

仏教語としては無常のニュアンスが含まれているが、文学上は広い世間・狭い世間というように、〝生活空間〟の意味合いがある。一口でいうなら「よのなか」に「世間」の漢語をあてたと考えればいい。

他方、現代語の「社会」とどう違うのかという疑問が読者にもたれるのではないか。原語はSocietyであり、こちらは一六世紀半ばごろの言葉で、のちに〝上流社会〟（一七世紀終り）の意味で使われるようになったが、現在は家族・村落・ギルド・教会・会社・政党・階級・国家など人々の関係についての総体をいうことは先刻承知のはずである。対して、「世間」は自分が拠り所とする集団であり、〝ウチ〟（ミウチ・ナカマウチ）と〝ソト〟（タニン・ヨソのヒト）の中間帯が世間であろうか。

(2)　〝近所の誼み〟についての周知な言葉は、江戸時代の「向こう三軒両隣り」であろう。そこでこの諺の示す近隣関係の表現についての歴史を探ってみたい。

古い例はすでに律令制度にあり、「戸令」にみる「五保」である。官制による相互監視組織であるが、相互扶助組織としても機能したという。

律令衰退期に入れば、庶民について「百姓（ひゃくせい）の習、一味なり」の諺にみるように、さまざまな名で呼ばれる地縁的結合体ができた。

そこでは「一味同心」という言葉にみられるようにその結びつきは堅い。領主支配に反対する組織についての場合は、今でいう〝集団請願〟の性格に近いという評価もあるから当然といえば当然。百姓愁状（八世紀から九世紀）・百姓申状（平安末期から鎌倉初期）、鎌倉末期からの一揆の名でよばれるものについては、やや的外れになるが……。

江戸時代に入れば、近隣関係について五人組制度がある。

五保の制と類似しているが、その源は室町末期の自治的制度であって（滝川政次郎）、その元を辿れば五保の制にゆきつく可能性もあるというから、日本人の近隣関係は根が深い。ここは「人間は社会的動物である」という諺だけでは説明できない特殊事情があるとみなければならない。筆者の答は大きな自然災害が多く、島国では近隣関係について〝持ちつ持たれつ〟の情が強くなければ生きられなかったとの風土に原因があったと思わざるをえないのである。とすれば、統治上の理由がなくとも庶民は相互扶助の道理を重視しなければならなかったと思う。

道理が統治者の法を破ることもしばしばあったろう。それは一揆の歴史を振り返ることによって納得しうるはず……。

それにしても〝道理〟とは何だろう。こんな言葉はどんな法学書にも載っていないと思うので、これからそれを論じたい。

第四節　道理とは何か

(1)　道理といえば〝道の理〟である。〝道〟とよめば〝仏の道〟、つまり「仏道」である。〝さとりへの道〟（『維摩経』）、〝人間のふみ行うべき道〟（『法句経』）であり、それが日本語では〝人の通るみち〟・〝人が守るべき正しいおしえ〟となり、仏語の八正道（釈迦が説いた実践徳目で、正見・正思惟・正語・正業・正命・正精進・正念・正定をいう）と通ずることになる。

さらに、書道・茶道・華道などの芸の道から武士道・商人道など凡人の守るべきみちとして使われることになるのは知っての通りである。

次いで「理」とは何か。

仏典では、ことわり・すじみち（『倶舎論』）・現象を現象たらしめているもの（『華厳経』）・「胎蔵とは理なり、金剛とは胎なり」（空海）となるが、日常用語では理の語の組み込んだ表現が数多い。〝本来あるべきこと〟・〝現実はかくなってしまうこと〟の両義があるが、思想的表現としては前者が中心である。それは日常的事象を通して現れる普遍性を語るときに効果的であったからであるという。

例えば、心理・論理・倫理・義理、定理・原理・推理・総理・管理・処理・整理・受理・代理・修理、まだまだあって地理・物理・生理・病理、そして調理・料理にいたるまで、つまりはほとんど万能な言葉である。

こうしてみると、「道」も「理」も類語に近い内容であるが、敢えて違いをいえば、前者は人間存在や行為のあり方、つまり「おこないのすじみち」に係わっているのに対し、後者は「ものごとのことわり」に係わっているということで、「道理」について、てっとり早くいえば「おこないのすじみち、ものごとのことわり」ということになるが、改めて「道理」の意味を分析してみる。

(2)　日本語として①当然のすじみち・正しい論理（続日本紀）、②訴訟で自分の側を正しいとする主張（一一六九年東大寺文書）、③それぞれの分野での正しいあり方や筋道、ある事柄について正当性があることを〝……道理の形で用いたり、種々の物事についての個別な筋道・正当性・論拠などの意で用いたが、特に政治・法律の分野に用例が多い（『平安遺文』）、④さらに文書に明証があるときは文書道理（一〇一一年東大寺文書）という、⑤

人間として守らなければならない道（一二七二年日蓮『開目抄』）などの解説があり、極めて多義的である。

従って法理としても融通無礙であり、「山階道理」の悪例も出来（しゅったい）する。まこと「道理に向う刃なし」（一七八六年譬喩尽）といわれるかと思えば、「非理法権天」（楠木正成の旗指物の文言）という「道理を破る法はあれど法を破る道理なし」（一四世紀後半、太平記）ともいわれるありさまである。

「法」が上か「理」が上か。統治者と庶民の力のどっちが強いかの問題であるから時代勢力の如何によって上・下さまざまになることは当然と筆者は考える。つまり隣人訴訟から出発した本書にとって双方の優位争いの歴史的意味はみえてきたけれど、民法制定後、数十年たって〝道理〟の強さを経験したという事実に日本法文化の特質、つまり理が民衆の間に強く残っているという日本法文化の特質に頭をひねらざるをえないのである。

野田良之のいう徳治主義は生きているのか。

第四節　道理とは何か

「生ける法」とは何ぞやと。

いうまでもなく〝法〟という名詞が現在のように「法律」を意味するものと考えたのは明治以降で、それも law, Gesetz, droit の訳語として使われてからという史実があり、「法律」のほかに「生ける法」がまだあるとすれば、これは法文化論の有力な素材であろう。例えば、根回し・談合など独禁法違反の取引など、契約の自由による〝生ける法〟ではなかっただろうか。

第五節　「法」観念の分裂

(1)　明治の継受法以前の「法」観念について考えてみたい。そういわれて読者の頭にまず浮かぶのは「一七条憲法」であろう。

この法は確かにその後の史書に異常といえるほどひんぱんに引用され、今でも「和の精神」などの日本文化の原点として引きあいに出されて日本人には馴染みのある名前である。

しかし〝憲法〟の用語は古代中国から移入された言葉で、『国語』・『管子』・『淮南子』などに使われており、古注によれば「憲、法也」という古文献が数多くある。

日本における引用では、『日本書紀』によれば「イックシキノリ」と訓読みし、尊い法・重要な法というほどの意味に使われている。

参考のために述べれば、明治期における法学用語の和訳研究で有名な穂積陳重は、①「憲」は「懸」のことで「憲法」とは懸け示された法、つまり掲示法のこと、②また「憲」

は「顕」のことで「憲法」とは明らかな法をさすと説いている。

ところで今われわれが読めば、その中身は政治道徳上の教訓を述べたもので、単なる〝法〟とは異なる。和の強調（一条）・仏教の尊重（二条）・詔（ミコトノリ）の遵守（三条）・礼の強調（四条）・勧善懲悪（六条）・信賞必罰（十一条）・公私の区分（十五条）……などであり、宗教・道徳・法が未分化の時代相が表われている（憲法学では「固有の意味の憲法」といっている）。

基本法典の古代版は、御存知の「律令」（律は刑事、令は行政）で隋・唐に始まったもの、そして「格」（律令の補完）・「式」（律令の施行細則）には弘仁・貞観・延喜とあることは御存知の通りで、〝法〟の名はない。

中世における幕府の法令は「式目」・「式条」であり、式が法と同義である。ただし江戸時代に入ると、私撰法規集に「憲法部類」・「憲法類集」の表題をみることができる。これは法令一般のことで、西欧法がわが国に紹介されたのちもしばらく続いて用いられている。例えば、加藤弘之『立憲政体略』（慶応四年）、明法寮編纂『憲法類編』、司法省編『憲法志料』は明治に入ってからの書名である。さらに公用語にも『議院憲法頒布の詔』（明治七年五月二日）とある。つまり、憲法は〝法〟と同義語であった。

因みに、その後の元老院による文字通りの憲法案も「日本国憲按」(十一年)といわれている。

明治憲法は constitution の訳語として、わが国で始めて欽定の最高法規として使われたものである。

(2)　では単語「法」についてはどうか。中国の諸子百家の一つに法を政治の基本とするという「法家」がある。その思想は当然日本にも入ってきていたはずで、国家統一の政策として〝法治国家〟の名が残っていても不思議ではないはず……。

しかし、日本の場合、民事法は〝道理〟、つまり「道」の「理」であった。律令格式時代のあと、道理が民事法の基礎として機能することになるとなれば〝何故に〟という疑問が生ずるのは当然。しかし答えは寡聞にしてどこにもない。「道理」であったというのは筆者だけの答にすぎない。となれば、その理由如何を論じなければならないだろう。

筆者の答は〝法観念の分裂〟にあると考えている。それはこうである。

〝法観念の分裂〟など論ずる類書はないが、仏教伝来にともなって、推古朝に「篤く三宝を敬へ」という教えが入ってくる。三宝とは「仏・法・僧」であり、法は「仏の説いた教え」である。つまり、〝法〟の語は仏の教えについてまわり、社会秩序維持のための法律規範として用いられる機会を失したのではないかと。

中国の戦国時代最末期の代表的法家思想家である韓非子によれば「法は道によって設けられ、道によって行われるべき」という。道は〝一本通〟という存在から生成して、時に当為から法則として概念規定されている。六朝時代になると孫綽は「仏とは道を体得したものである」といい、『維摩経』には「道の究極を菩提と称する」と書かれており、悟りは〝道〟を介して得ると理解された。

こうして法は仏教に独占され、道理も仏の道に通ずる始末となる。これでは民事に関するルールについて独立しうるてだては無きが如しである。しかし為政者にとって、下じもの者が、〝仏の道〟によって争いに片をつけるとなれば万事めでたしめでたしであったろう。

そして決定打がでる。慈円の『愚管抄』（一二一九年）である。「一切ノ法ハタダ道理ト云二文字ガモツモノナリ」という。その歴史書は〝道理物語〟とも評され（「道理」の言葉が一三八回もあるという）、劫初劫末の道理・具体的実態に処する道理を論ずることによって法の一般原理および個別的原理を語り、道理と法は観念として癒着したといってもよいだろうが、法学者からいえば「法」は仏法と道理に分裂したことにもなる。言いかえれば道理は世間の法であり、史上では〝王法〟といっているので、〝王法仏法相依論〟の出現といってもいいだろう。

即ち、王法は天皇を頂点とする政治支配の秩序で、仏法と車の両輪の如く互いに依存しあうと説く論理であり、十一世紀中葉以降に定式化され、仏教側で主張された。

これでは「法」の出番はないはずである。民事法が「法」としてヨーロッパ法継受の時期まで論ぜられず、固有法たる道理が継受法とせめぎあったという「隣人訴訟」の歴史的意義がここにきてようやく明快に理解できたはずである。

第二章　「法文化」の基層にみる日本文化

第一節　「法文化」の比較

ここまで読んできた読者のなかには苛立っている人が多いかも知れない。何故なら「法文化」という新しい観念について何を論ずるのか理解しえない人がいるはずだから。ヒントになる唯一の具体例が「隣人訴訟」であり、そこから本書の課題が日本文化にとって「法とは何か」を論ずるのではないかと予測する読者がいれば、その人は法文化研究の意義と方法に関心をよせるはずである。

そこで、法文化論とは何を論ずるのかについて、またその方法について話を進めることになる。そのあとで「日本の法文化」如何について論ずることはいうまでもない。

(1)　余談になるが、ここで一言。このような社会科学においては欧米が先進国であり、その著作の紹介から始まるのではないかと予測する読者がいるはず。

なるほどJ・M・フリードマンは「リーガル・カルチュア」を論じ、P・ヘーベルレの

「レッヒツ・クルトゥール」の文庫本もある。しかし、欧米学者の場合は日本法の紹介に当たって筆者が感心するほどの著述はなかったとの記憶があり、日本の固有法について文化との関連（特に宗教）に注目するなどは無理だろうと感じていた。

日本の法文化論は日本人にしかできないというのが筆者の感想である。

とりあえずの定義は「『法という文化』からみた『法に関する文化』」である。以下に説明する。

法も文化（特に言語）の一部であるから、他の文化とも競い合いや影響の与え合いをしているはずで、それによって〝法〟観念がどういう特性を有するようになるかを検討すること、それが前者である。後者は、前者から引きだされた欧米法とは異なる日本法の特色が政治や社会に対して及ぼす作用をみてとろうということ。簡潔にいえば、前者は日本人の法に対する感じ方・考え方であり、後者ではそれがどのような法現象として表れているかを明らかにするということである。

重要なことは、日本文化が欧米と異なれば継受法のありようは欧米とは異なるはず。法文化の比較が重要で、それを考慮して日本での立法に深く配慮せよという趣旨である。

前例の「隣人訴訟」についていえば、〝近隣の誼〟に何ら配慮することなく、民法上は準委任契約か寄託かという法律論のみという点に法文化論の欠落を見ることができる。民法には固有法が生きている可能性が高く、特に法文化を論ずる必要性が大きいというわけである。

第二節　自然と風土

(1)　本節の主題について考える。

日本の地理的位置はユーラシア大陸から遠からず近からずの位置にあって、しかも島国である。緯度は温帯で北東から南西に細長くのび、四季の変化はそれぞれの地域によって異なり、その〝うつろい〞を各地方のすべてが異なった表情をみせるというぜいたくな島国である。

他方で、海底で太平洋・フィリピン＝プレートのぶつかり合いや多くの活断層を原因とする激震・津波・洪水や火山噴火と自然災害をもたらす史上たび重なる重大被害に〝あきらめ〞を重ねて経験した日本人の〝うつろい〞の心情は、「行く雲流れる水」つまり「行雲流水」の言葉で表現されてきた。

こうした〝うつろい〞の心情が人の一生に投影するのは明らかであり、そこに無常を感じて、横山大観の絵画にみるような「無我」の道にふみこもうとして、自我に向き合おうとするのは日本人特有の心性であろう。

そうでなくても、山の絶景に感性をゆすぶられ、山水画の名において絵画の伝統となっているのも肖像画が主流の欧米にはない芸術ごころといっていいだろう。

(2) 日常的なことに話を移そう。

山は人間にとって生活の宝庫である。まず、水。いわゆる天然水はミネラル豊かな飲料水であり、加工されて酒その他の豊穣な飲物となり、また生活用水として、その価値は人間にとって最も重要な必需物、いや、命の源といった方が適切かも知れない。

それが平野に聳える孤峰となれば、太陽の動き(日の出・日の入り)と共に神々しくみえることは万人の感性である。つまり神のいます山である。こうなれば、すでに有史以前において、孤峰を神と信ずる信仰が生まれるのは必然であり、具体的事例はそれこそ山ほどある。

つまりは、古代日本人の宗教は山の信仰に始まったと考えて間違いはないだろう。とすれば、四季の変化に応じて、山が抱えこんだ雨水・降雪を水源とする水の流れは絶えることなく川(河)・渓谷・滝などをつくり、自然景観の美事さは古代人にとって神の存在をも感得させずにはおかなかったに違いない。こうして信仰の対象は自然現象全体に拡大してゆく。その代表が周知の風神・雷神である。

まこと、自然宗教は日本の地理に見合う信仰として現在に及んでいるわけである。

山岳信仰で始まった多神教は、弥生時代に入れば田の神（稲成）をつくり、神話の神が祭神と決められると、神祇（天つ神・国つ神）信仰の体系化に基づく式内社が選ばれて、多神教に含まれる神の境界はなくなってしまう。あとは御霊・天神に始まる人格神が始まれば「神」の範囲に境界はないのが現状である（経緯については後述）。

古代の〝仏教伝来〟も神がふえるだけと考えて、崇仏・廃仏の争いがあったにしろ、仏教も日本化してゆく。神仏混淆というからには、まこと「コラボ宗教（信仰）」である。古代に始まった文化の「コラボレーション」は、こうして日本古代の伝統文化となってゆく。

第二節　自然と風土

前述の「うつろいの文化」についで「コラボ文化」が日本文化の伝統になってゆくという史実。こうして〝時の流れに身をまかせ〟、外国文化を採りいれようという気持が生まれてくるのは日本人の歴史的心情である。従って、そこにひそんでいる自我意識こそ日本文化にみる法意識であると考えていいだろう。

これに対してヨーロッパの風土は、アルプスは山脈であり、孤峰といわれるほどに高く孤立した山はない。したがって流れる川はあってもゆるやかで、牧草地帯の底の浅い流れである。まれにみる山上の聖堂も〝孤立した小山の上〟にあるだけで、自然の神秘感はない。「風土」の違いは明らかで、和辻哲郎もそこから信仰心と宗教の違いを論じている。

第三節 言 語

(1) 日本における文字の成立ちについては前述した。ここでは日欧の言語について論ずる。

突然の引用だが『ヨハネ福音書』である。「コトバは神であった。すべてのものがこれによって成り、成ったもので一つとしてこれによらないものはない。これに生命があった。この生命は人の光であった」と冒頭にいう。換言すれば、キリスト教では言葉は神であり、また神とこの世との間の仲介者として、宇宙的・救済的な機能をもった人格的なもの、と考えられた。

日本ではどうか。古代においては言葉は霊力をもつと考えた言霊(ことだま)思想があった。「敷島のやまとの国は言霊のたすくる国ぞ真幸(まさきく)ありこそ」(柿本人麻呂)と万葉集にある。言葉には霊力があり、その力で現実が産まれると考えられていた。

言葉が信仰の中心におかれているという点では共通している。それは人類が人類たる所以は言葉を使うことにあったということを意味しているといってもいいだろう。つまり、言葉がなければ文化は生まれないのだから。この点は日本も西洋も同じである。それが法文化の上で違いが生まれてくるのは何故だろう……。

この点は読者も想像しうるように、まさしく〝文化における法〟の考え方に違いがあるからだということは明らかであり、そこに法文化を論ずる必要があるからだということも理解しうると思う。

直言すれば、西洋においては神との契約について言葉が必要だった（旧約→新約）のに対し、日本においては心情・感情を吐露するために使われた（万葉仮名→万葉集）ということにあるといえる。従って重要なことは、前者についていえば論理的な表現に気を使うのに対し、後者については情緒ただよう心情を述べることに気が向かうというふうに大きく異なるという点に違いがある。

いいかえれば、大ざっぱながら、西欧の言語表現は論理を語るのに習熟し、日本では感情を述べる表現に人気が集中した。いわずもがな、西欧は法的表現に古くから長けているのに対し、日本でのそれは稚拙なままであった。

いうなれば、明治期における西欧法継受にさいしての苦労は察して余りあると感ずる次第……。

(2)　論点を詳説しよう。言語の宝庫は『万葉集』であり、祝詞(のりと)は言霊思想の代表例である。そのほか護国三部経（奈良時代）・真言宗のマントラ・日蓮宗の題目・浄土宗の称名念仏も言霊といえるだろう。

ところで、中国の漢字が日本に入ってきたのは三世紀の終りごろ（記紀）、『論語』と『千字文』である。『古事記』によれば、表意文字の漢字に音だけを借り連ねて書いたとある。助詞も助動詞も敬語表現もそうであり、これが一般に万葉仮名といわれている。夜麻（やま）・可波（かわ）・波奈（はな）という工合であり、漢字の意味を捨て、「読み」だけを借りる一字一音であった。

しかし、平安時代に入ると「返り点」を付した訓読となり、助詞の書き込みを考案した。そこには漢字の一部をとった「カタカナ」が生まれているという具合である。そしてさらに万葉仮名の字形を崩して草体化した「草仮名」がつくられ、それを更に崩して「ひらがな」を生みだしたというわけである。

その行きつく現在においては、外国語は片仮名だけで表記し、その文句が長い文字の場合は、アルファベッドの頭だけを連続表記するという具合である。それがジャーナリズムの慣例となって、日本人には難解至極で判読困難という状態だといってもいいだろう。漢字・平仮名・片仮名・アルファベッドの混じった新聞・雑誌の記事(!!)、今では〝現代用語辞典〟がなければ理解できない世の中というわけで、日本文は〝コラボ言語〟の花盛り……。

そこで、こうした巧みな(?)日本語の形成について文化史的に振り返ってみたいと思う。

(3)　とりあえず、外国人をとまどわせる日本語の使いわけ。男・女による言葉の使い分け、一人称・二人称の多様な言い方、相手による多様な敬語表現法など。欧米人に説明するときは苦労の連続といわざるをえない。

言語の使い分けの複雑な巧みさは、他方で言葉で遊ぶという工夫までも考えだすという具合である。

こうなると、言葉は神聖なものと考えた自我意識はどうなったのかといわざるをえない。芯までくずすというなら、それは〝融通無礙な自我意識〟だからと答えざるをえないだろう。

息抜きに〝言葉遊び〟の例をあげてみる。そうすれば、言葉をもて遊ぶ日本人は理論的な〝ものの考え方〟が苦手になるのではないかと想像したくもなろう……。

(イ)「なぞ」の例

平安時代にはナゾナゾ物語・ナゾナゾ合（アワセ）があり、言霊の認識からきているという。『古今集』以後の物名歌（かけ言葉で物の名を詠みこむ）はその生まれ変わりで、それが〝しゃれ〟になったらしいと。『枕草子』『徒然草』などに「ナゾ掛け」・「ナゾ解き」の遊びの例をみることができると。

・お寺の坊さん　その日の新聞（今朝来て今日読む—袈裟着て経よむ）

・あすの天気とかけて何ととく　風呂敷包みととく　その心は開（明）けてみなけりゃ分からない

・椎の木の上に鎌八丁↓やかましい（八鎌椎）

・鮑（アワビ）の片思い（藤原俊成）

・沖漕ぐ船↓焦れて（漕がれて）物思う

(ロ)「しゃれ」の例

ここで「しゃれ」とは、気がきいている・滑稽かふざけているかの二様があって、同意異義による言い掛けがおかしいという遊び心を中心としたものである。

・赤ん坊の小便→ややこしい（嬰児尿（ややこしい））
・蛙の行列→向うみずな奴
・垣根の竹の子→出ると取られる（外出すると出費する）

(ハ)　下から読んでも同じ句（回文）

・池の岸雪やはや消ゆ四季の景
・消ゆるとも晴れじと知れば戻る雪

(ニ)　早口ことば

・瓜売りが瓜売りに来て瓜売れば振売る瓜をかぶる瓜売

ここにみられるのは表意文字と表音文字、漢語と和語、漢字と仮名文字の使い分けという複式言語性が巧みな言葉を生んだというわけである。しかし、これらは文字を聞いているのであって、欧米人が話を声で聞いているという違いがあることに注意。

つまりは、日本は「見る文化」であり、欧米は「聞く文化」ということになって、〝歌舞伎〟と〝オペラ〟の舞台芸術における対比に思いいたる。

この両者の相違を法文化論にとってどのように考えるかについては後に述べる。

(4)　比較文化論をもう少し補強しよう。

日本には「書道」という〝書の文化〟があり〝見る文化〟の別名であるが、西欧の声による〝聞く文化〟は告白・証しなどの〝罪の文化〟に深くかかわり、しゃべることで人を動かす「理屈の文化」である。つまりは法文化論からみれば日本人は法に疎い性質をもつ人間ということになる。他方、欧米人は聖書にみる〝神との契約〟によって契約という法理になじんでいる人間であるといえる。このことは記憶に止めておいてほしい。再度詳述の機会があるはずであるから。

日本人が論理に弱い例をもっと挙げてほしいと思う読者もいようから日本語にその例をあげてみよう。

「どうして」はhowとwhyの両方を兼ねている。

「……のために」は原因と目的という違った双方の意味をもっている。

「すいません」は謝るだけでなく、御礼の意味もあり、返事のすべてに使う人もある。

およそ日本語は論理的ではない。微妙なニュアンスは話題にひそむ心理にまで及んでおり、自然に展開する意味合いをもつ〝日本語の行雲流水〟とでもいえる。

「感じる」ではなくて、「感ぜられる」である。ここでは主体的な表現を避け他律的表現を用いて、可能性をぼやかすか相手への敬意を表しているわけである。

つまりは、〝いい・わるい〟の表現で個人の主体性を見出せないばかりでなく、論理的表現にはむかないということになる。土居健郎は、「自他の分離の事実を止揚し、もっぱら情緒的で自他の一体の情緒をかもし出すもの」というから、現実処理としての契約など社会的事案を生ずる法的処理を嫌うことになる。

例えば店頭の買物で売買契約をしているなどといったらビックリされるだけ。日本的日常言語は法的処理に向かないといえば、前述の「隣人訴訟」事件は未だ生きていると考えていいことになる。

ただし、資本主義のもとでの〝個人主義〟（憲法一三条の無理解）の立場から損害賠償は当たり前という意見が近年では、それこそ当たり前にという考え方になっている気もするが、それは法的考え方としての結論ではなく、金になることなら何でもＯＫの感情からであろう。

(5)　ここで、個人の主体性はどうなっているかを考えてみよう。

まず、日本語では主格にあたる言葉は曖昧もしくは省略されており、読者が推測するという文章になっている。「鐘が鳴る」（前者）・「鳥が鳴くので目が覚めた」（後者）という例である。「が」は主格を表す語ではなく、読者が推測する文句である。「犬が吠える」といえば、犬は主語ではなく客観的事実の表現であり、「茶が飲みたい」といえば、茶は対象語である。

「花が咲いた」といえば、その内容が絶対的であるのに対し、「花は咲いた」といえば、その内容は相対的なことである。西欧語でいえば、前者は不定冠詞がつき、後者は定冠詞がつくという区別がある。

まとめれば、日本では主格があいまいなため論理的表現もあいまいとなり、その場の空気で語るという〝察しの文化〟であって、心情的表現といってもいいのではないか（「うつろう文化」なら止むをえないか）。

これでは法律の文章をつくるのは難しく、うまくつくれても〝解釈が多様化する恐れあり〟となるやも知れぬというわけである。

最後に（日欧の違いを）まとめれば次のようになる。

「自然の賛美歌」対「神の賛美歌」

「成る文化」対「作る文化」

「場の空気をよむ、他律的な文化」（「場の文化」・「察しの文化」）対「論理的考えで、自律の気構えをもつ文化」（「自律の文化」・「論ずる文化」）

(6)　文化の違いを考える場合、誰にでもわかるのは言語である。単純にいえば、使う言葉で〝何国人〟かを判断することは日常的に多い。日本語でなければ外国人だと思うのは日本人の常である。ただベルギーのように、フラマン・フランス・ドイツ・イタリア＝語という例外もあって、ヨーロッパにいる場合には言葉の選択に苦労する。

というわけで、日本語による日本文化の判断というのは、特異な例である。しかしながら、古代以来、外国文化の吸収も熱心であり、現代人が日本文化だと自慢しているものでも、その原型は外国からの移入だったというものは幾らでもある。

際立つのは衣・食・住、さらに音楽・美術、さらに舞台芸術とくれば、庶民は日本と外国のコラボレーション文化のなかで生活していることになる。

言語にしても古代中国からの漢字は別として、現在の片仮名による英米語の氾濫ぶりはすさまじい。しかも頭（カシラ）の大文字一語による原語の羅列はジャーナリズムにおける本分のようなものであろう。

こういう現状のなかでの〝言語にみる文化論〟である。いまさらコラボ文化などと断る必要はないのかも知れない。

だとすれば、この疑問にどう答えるかは別にして、「日本語から日本文化に架橋して『日本学』を構築したい」という野心作がある。〝言語と法文化〟のまとめになる論説で、いわば〝法文化の基層〟にあるものと考えてもいいと思うので瞥見の必要があろう。

(7)　芳賀綏の著書（『日本人らしさの構造』）である。

とりあえず、日本人にとっての日本語とは、単なる自国語の意味で、それが日本語についての歴史感覚であるから、日本語の構造・用法は日本人の生き方・感じ方・考え方に深く関係しており、そこに文化の型と言語の結びつきがあるはずだと考えればよい。

(イ)　まず、「日本人の精神空間」から。

島国である日本で文化の型は、個人差や世代差があっても、伝統によって現代に生きる「総体としての日本人の心の形」があり、従って、そこでは「言語は文化の乗り物」となり、「単語は文化の索引」となるから、文化の指標語句としての〝日本語らしさ〟は日本人の意識や行動の型と結びついて「日本人らしさ」になるという。

(a)　その日本文化の指標語句は「自然との共感」

雨の降る表情の表現の多様さ（ポツポツ・シトシト・ザアザア・ソボ降る・降りみ降らず

み・降りしきる・本降り……）

「一切衆生悉皆成仏」→草木国土悉皆成仏

(b)　対人意識のシャープさを嫌う。

①　〝我を張る〟・〝我を通す〟は悪徳

②　マルクオサメルかアタリサワリノナイ言動を心掛ける

③　「察しの文化」（以心伝心など法文化にとって不可解）

④　サセテイタダキマス

この例からいえることは、相互依存主義・対人関係重視主義という他律性・他人志向性であり、その規準は年令秩序と社会的地位である。このように他者を気にする日本人は察スル・推シ量ル・見定メル・見透カス・見抜ク・見テ取ルことになり、度が過ぎる。こうなると、異文化に対しては阻害要因となり、外交上のカケヒキがマイナスになることは必然である。いや、日本人の外交下手はこんな長い言語歴史の然らしむるところからくるのではないかとさえ思う。

確かに、昔から日本人の他人に対する態度についてははっきりしないことが多い。イエスかノーかがあいまいなことなどは誰でもがいう。武者小路公秀は「合わせの文化」といい、欧米の「選びの文化」に対する。

日本人の認識手段は、分析よりも直観、言語的説明よりも体感、つまりカンとコツであり、感覚の鋭さを示すのに胸算用・サジ加減などの例がある。これが高ずると〝言外ノ言〟となり、〝イワク言イガタシ〟となり、理屈を言ウナと多弁を封ずることになる。噛ンデ含メル説明は野暮の骨頂といわれ、含蓄ノアル表現はイキだと評される。〝理外ノ理〟は気合で理解され、言葉で人間の思いを率直に表現できるわけはないといわれるのが日本人の言語認識である。

ともかくこれでは日本の法文化は日本人だけにしか通用しないといわざるをえない。直感的・即物的認識に長けた日本人には抽象的思考は苦手だと。従って西欧の抽象的語句は日本語の体系のなかで明治の文明開化時に外国語を日本語化して体系のなかで消化したといわれている。従って、大学の講義では、これらの言葉の説明をすることで時間をつぶいやすことになる。つまり、講義の内容は語句の説明から始めるというのでは、学生にとっても面白い講義になるわけがない。文科系でその唯一の例が法学である。そして、その体系が〝法に関する文化〟ということになる……。

もっとも、俳句などは論理の飛躍・断絶が真骨頂であり、仏教にいたっては、教えの解説そのものが僧侶の職業となっている。「一神教のロゴスが貫く社会とは対照的な日本社会」は思想的な「合わせの文化」になる道理だと、著者はいう。

(ロ)　次いで日本人の道徳的意識について述べている。

筆者がそのなかで興味を惹かれたのは、自己修身志向である。〝私心ナキ行動〟が称賛され、苦節〇十年がドラマのヒロインで、その努力が報われずとも日本人の胸を熱くする。これこそ日本人の感情であり、〝道徳意識〟とされる。計算高い・チャッカリシテイル・ハッキリシテイルはマイナス・シンボルである。しかし、それは恣意的な主観重視に陥り易く、誠実の向かう方向を考えさせないとして、「自分自身に対する誠実」、「誠心誠意に安住」している（相良亨）と評されよう。

(ハ)　日本人の美意識（ささやか・陰影・風流）に移る。

地形に制約されて生活圏の狭い日本人は、大マカ・大ザッパ・大味を嫌い、小ヂンマリ・小ザッパリを美的と感じ小綺麗という。また丹念でキメ細かい作業を好み、ゾンザイを軽蔑して器用な技で精魂を傾けるデリカシーを誇る。キビキビ・小気味ヨイが好きで、小味・ササヤカとくれば、イキに通じ、その味ワイを噛ミシメル喜びがある。「暗示力は日本美術の秘訣である」（鈴木大拙）といわれ、その代表が『社（ヤシロ）』（竹山道雄）

ない。

である。そして俳句、果ては〝言外の言〟や〝不立文字〟とくれば、理論的に説明がつか

〝含蓄がある〟と評されるのは、余情・余韻があって陰影への愛着（『陰翳礼讃（インエイライサン）』谷崎潤一郎）すら感じさせるものであり、その究極は、イブシ銀の渋さにゆきつき、日本流の色気と考えられている。それがなければ人生も味気なく殺風景であると考える日本に対して、ドナルド・キーンは〝不規則の美〟をあげている（竜安寺の庭について）。

自然のウツロイに美を見る日本人は、アキラメの美学にひたることを好み、風（雨）マカセでハカナイ・ムナシイ気分をイサギヨク・キレイサッパリと捨て、散り際のよさを求める。この無執着は「孤絶」（禅）といって尊重され、「人間を自然の一環と考え」る（益田勝美）稲作農耕民族のコア・パーソナリティである（石田英一郎）。

この〝滅びの美学〟も完全さを求めることなく、むしろ欠けていることの枯淡さを喜ぶ、不完全美の願望の一部を成すものと解すると著者はいう。

筆者の感想は、言語の使用について、語義よりも語感を重視する日本語の場合は日本人の自我意識の問題と考えている。そうだとすれば、言語文化としての性格をもつ法学においても、法文の解釈についてもこの自我意識が働くことは間違いない。例えば「拡大解釈」・

「縮小解釈」のさいにおける自我意識は〝融通無礙〟なものとして〝合わせの文化〟と接合することに痛痒を感じないのではないだろうか、と。

㈡　著者の言語文化観の結論に入る。

〝日本らしさ〟は重層的であり、そこで原型の「第一次的性格」と重層の「第二次的性格」と呼び分けて検討するという。

「コア・パーソナリティ」（石田英一郎）が第一次的性格であり、文化の中枢として主軸に一貫性・共通性を備えている。

第二次的性格は、芸術的側面の形成時代（奈良・平安）、宗教的・道徳的心情の基礎ができた時代（平安末から戦国以降まで）、政治的統一によって政策面から型にはめられる時代（徳川から明治にかけて）の三区分にわけられるが、それぞれの時代の異なる文化的性格が重層的な構造となって成立しているという特色がみられる（石田一良）。

とすれば筆者は、第二次的性格について近代以後における西欧翻訳語が「コラボ文化」として、固有の日本語にどんな影響を与えてきたかが氣になる次第……。

しかし、著者は「言語は……意識の深層にある一個の閉鎖的世界で、文化が入り込んで左右する余地はありません」という。確かに、そこには「風土」が閉鎖的世界をつくっていることは和辻哲郎や寺田寅彦によって明らかにされている。

そうだとしても、文化の継承は言語によって媒介されているのだから、文化を反映する言語が、コラボすることで、文化を貫流する社会的遺伝子の変化の媒体となることはありうるはずである。

これまでの言語論においては、西欧流の「法文化」は日本語にとって大きな壁であったと考えざるをえないわけであるが、法学翻訳語の採用が、これまで述べてきた日本語の特色、即ち、「察しの文化」・「合わせの文化」・「理外の理」などに対し、それがどう変わったのかについて知りたいと思うのは筆者だけではあるまい。

法律は言語である。従って日本語についての既述の特色は、どう考えても〝反法律語〟臭い。しかし、「法文化の基層」にあるのは言語であるから、「法文・化」に当たってどんな苦心があったかについて、その苦労を知りたいと思うのは読者のみならず法学専門家にとっても同様であろう。

しかし、『立法学』については山田晟の著作があるばかりである。芳賀綏の著作紹介もこれ以上「法文・化」に係わることはないのでここで終ることにする。

第四節　心理と論理㈠

日本の日常用語上みられる〝クセ〟が「法という文化」に向いていないことが判ったからといって、「法の支配」をやめるわけにはいかない。恐らく、そこには「法に関する文化」に、つまり法意識について難問・疑問が存在することは明らかである。

そこで、これらを明らかにするために、日本語による〝文化的クセ〟の心理・要因を検討し、論理的に説明して「法文・化」に資する必要があることになろう。ただ、その〝クセ〟が文化一般と調和できればコラボレーション法文化として機能するのだが、コラボの結果が欧米同様になることはありえず、〝文化のクセ〟が新しく生ずることは目に見えている。

法文化の基層について論じたが、後述にみる如く〝表層〟・「深層」について検討すれば文化のクセは一層大きくなるばかりであることを読者は覚悟しなければならないと、筆者は予測している（それが当たれば本著作は成功したことになる）。

ところで「心理と論理」という表題は翻訳語である。さしずめ昔の日本語なら「心と理屈」というべきか。しかし、〝こころ〟といえば『万葉集』・『源氏物語』にもでてくる古代語といってもいいだろう。『広辞林』には「知識・感情・意志の総称」との意味をもつ〝おおらかな〟言葉であり、〝気持〟という日常用語でもある。そして〝理屈〟については〝道理〟・〝ことわり〟が第一義にあがっている。

それが法文化論という社会科学で論ずる以上、〝心理〟・〝論理〟とせざるをえない理由である。

(1)　戦前の著書で逸することのできないのは、「唯物論研究会」の三枝博音のもの（『日本の思想文化』）である。とりわけ、当時としては珍しく社会科学的洞察に富んだ分析に、讀みながら筆者は好奇心にとらわれたことを思い出す。

まず、日本人は余りに自然に浸りきり、自然に生活していたから、複雑な自然の姿をそのまま受け入れ、複雑なまま個々の形・色合いを愛して芸術化にこだわり、個々の物のよさを愛することに執着して知性的なあしらいは輕くなり抽象の美を知らなかったという。いうなれば、日本の直観的愛着に対する西欧の一般的思想的関心との対比といっていいだろう。知性は世界的に普遍性を有するもので、わが国も例外ではないが、自然を処理する知性的性格が、一般的抽象性を獲得できず、特異性だけを観察しているのである。そこで何故そうなるのかである。

そこでヨーロッパにおける知の訓練の仕方を考えると、(イ)神の存在に導かれてゆく〝形而上学的な論理的訓練〟、(ロ)自然的秩序の一般的法則に関する〝科学的な論理的訓練〟、(ハ)政治的な論理的訓練の三種がある。

それに対して、日本の場合はどうかを考えてみると、(イ)については仏教による形而上学的な論理的訓練、(ロ)については江戸時代の宋学批判にみられる日本儒教史における思想運動と明治における洋学摂取にみちた思想的訓練などがあるが、自然界処理のカテゴリーは貧困であり「自然(ジネン)」の例にみるように自然の性質を抽象して思索する自然観察ではなく、仏教の〝自然法爾(ジネンホウニ)〟による悟りの道であった。

しかし考えてみれば、自然界にみられる複雑な日本の諸現象を抽象化するのはヨーロッパより困難であり、処理するというよりも、そこにどっぷりと漬って感覚的処理をすることに探究心を向けざるをえなくなったと考えた方が理に叶っていると筆者には思えるのだが……。

(2)　戦後の日本人論に移る。

①　冒頭でとりあげたいのは、ロング・セラーの名著、丸山眞男『日本の思想』である。

まず冒頭にいう、「自己を歴史的に位置づけるような中核あるいは座標軸に当る思想的伝統はわが国には形成されなかった」。そこで、現代の自己認識のために「超近代と前近代とが独特に結合している日本の『近代』の性格を私達自身が知ることにある」と。

言いかえれば「私達の思考や発想の様式をいろいろな要素に分解し、それぞれの系譜を遡るならば、仏教的なもの、儒教的なもの、シャーマニズム的なもの、西欧的なもの――要するに私達の歴史にその足跡を印したあらゆる思想の断片に行き当る」。しかも「問題はそれらがみな雑然と同居し、相互の論理的な関係と占めるべき位置とが一向判断としていないところにある」から、「前近代」と「近代」が連続して存在することになった現象を具体的に観察したい、と敷衍する。

その共存について著者は「新たなもの、本来異質的なものまでが過去との十分な対決なしにつぎつぎと摂取されるから、新たなものの勝利はおどろくほど早い。過去は……現在と向きあわずに……脇におしやられ、あるいは沈降して意識から消え『忘却』されるので、それは時あって突如として『思い出』として噴出することになる」。つまり「日本社会あるいは個人の内面生活における『伝統』への思想的復帰は……急に口から飛び出すような形でしばしば行われる」と。

しかも、西欧の哲学・思想の部品として取り入れられたとき、それが日本の「旧い習俗に根ざした生活感情にアピールしたり……『常識』的な発想と合致したり、あるいは最新の舶来品が手持ちの思想的ストックにうまくはまりこむといった事態がしばしばおこる」。例えば、ドイツ観念論の倫理学説と朱子学を結びつけた井上哲郎的折衷主義、マラルメの象徴詩は芭蕉の精神に通じ、プラグマティズムは江戸町人の哲学だったりという〝和洋接合〟のロジックが流通しているのである。

著者は、○○即○○、○○一如という仏教哲学の俗流適用であったと説明するが、「コラボ」問題のポイントでもあり、従って自我意識のもち方にもからんでくるので、筆者の賛成意見は後に詳述することにして丸山論文の紹介を續ける。

日本文化をみると、あらゆる哲学・宗教・学問について、矛盾するものでも「無限抱擁」し「平和共存」させる思想的「寛容」が伝統となっている。そのため積極的肯定が普遍化しているキリスト教社会においては反語・逆説が現実と激しい緊張感を生むのに対して、日本では無常感や「うき世」観によって逃避意識が生まれ、逆説も実生活においては、世はままならぬという感覚として常識化してゆく。こうなれば、現実と規範との緊張関係は、順応する生活感覚の尊重によって、支配体制への受動的追随となり、「ありのままなる」現実肯定に堕することになるというのである。

ここにみられる論説に対する筆者の感想は、〝実に巧妙な「法という文化」論の下地〟が述べられているということである（!!）。

続いていう。文学における豊富な感覚的表現、自然の四季への感情移入、日常的立居振舞の精細な観察、洗練された文体による微妙な心持の形象化など、伝統的な「実感」信仰への密着によって、規範に対する自我意識は好悪感情から分離せず、しかもそれは「仏教的な厭世観に裏づけられて、俗世＝現象の世界＝概念の世界＝規範（法則）の世界へという等式を生み、ますます合理的思想、法則的思考への反撥を『伝統化』した、と。

ここには、日本法文化の特徴に対する重要な指摘があることに気付かれた讀者が多いと思う。曰く「法則的思考への反撥の伝統化」の言葉である（五三―五四頁）。

それが憲法・法律＝問題にどう具体化されたのか、それを証拠だて説明してゆく仕事が〝日本法文化論〟である。

著者の「おわりに」の言葉から。

「私達の伝統的宗教がいずれも、新たな時代に流入したイデオロギーに思想的に対決し、その対決を通じて自覚的に再生させるような役割を果しえず、そのために新思想はつぎつぎと無秩序に埋積され、近代日本人の精神的雑居性がいよいよ甚だしくなった」と。加藤周一のいう雑種文化から積極的な意味を引きだせ」という提言に賛成しながらも、丸山はいう。そのためには強靭な自己制御力を具した主体なしには生まれない、その主体を私達がうみだすことが、とりもなおさず私達の「革命」の課題である、と。

しかし筆者は思う。うつろい融通する自我（後述）の持主に、そのような主体性を期待しても不可能なのではないか……。ここは著者が日本文化の特性と考える「タコ壺文化」・「ササラ文化」とは何であるかについて検討する必要があろう。

さて、「タコ壺文化」とは、「最初から専門的に分化した知識集団……が閉鎖的な『タコ壺』をなし、仲間言葉をしゃべって『共通の広場』が容易に形成されない社会」であり、「ササラ文化」とは「竹の先を細かくいくつにも割ったもので……元のところが共通した伝統的なカルチュアのある社会」である。

日本がヨーロッパ文化を受け入れたとき、前者では専門化した形態が当然とされて、そのまま継受されたのが「タコツボ型」であって、後者では西欧がギリシャ―中世―ルネッサンスと長い共通の文化的伝統が根にあって末端が分化しており、「ササラの上の端の方が個別化された形態が日本に移植され、それが大学などの学部や科の分類」となって「学問研究が相互に共通のカルチュアやインテリジェンスでもって結ばれていない」ものをいう。

このような日本に対し、ヨーロッパでは「人間をつなぐ伝統的な集団や組織……たとえば教会、あるいはクラブとかサロンといったものが伝統的に大きな力をもっていて、これが異った職能に従事する人々も横断的に結びつけ、その間のコミュニケーションの通路になっている」というのである。

確かに、そういった役割をするものが乏しい日本では、近代的機能集団が発達しても、それぞれ一個のタコツボになってしまう傾向があって、比較文化の対象となっているといえる。マス・コミは確かにタコツボ化を防ぐツールになるはずだが、日本ではマス・コミによる思考・感情・趣味までもの画一化・平均化が進行して、多元的イメージを合成する思考法についての必要性を強く感じとっていないからである、と。

筆者は思う。島国における外国文化の継受は時・処を考えずに無制約であり、継受文化の分野について論理上の一貫性があるわけではない。ましてやそれらの總合を考える以上に継受文化人はそれぞれが優位性を誇り、その独自性を主張したと推測する。

法文化に関していえば、西欧法の継受に当たって〝やまとことば〟は通用せずと判断し、原語の翻訳に終始して、それを自由に使いこなすことが法学研究者の常識とされた。

これでは日本文化のなかで法学を語るという研究など生まれるはずがない。法文化論が長い期間に渉って不毛であったとしても、むしろ当たり前であったろう。

それにしても、「世の中」→「世間の道理」などの思慮志向がなぜ残っていたのだろうか。読者にはすでに理解可能であろう。つまり西欧法的理解は法学研究者集団のタコツボのなかにだけ生きており、庶民には理解不可能ということである。このことはひょっとして「ホンネ」と「タテマエ」の問題としてこれまで説明されていたと理解する読者もいよう……。

なにしろ、法学研究者は「生ける法」とか「法外の法」などという論理上矛盾する捉え方もするのだから、別に奇妙な問題ではないことになる。しかし、どういう場合に、この使い分けができるのかについての研究はない。いわば研究者の逃げ場である。

丸山の最後の話に入る。民主主義についてである。

民主主義というものは、制度の現実の働き方を絶えず監視して批判することにより始めて生きたものになり得るのであるから、「政治・経済・文化などいろいろな領域で『先天的』に通用していた権威にたいして、現実的な機能と効用を『問う』近代精神のダイナミックスは……『である』論理・『である』価値から『する』論理・『する』価値への相対的な重点の移動に生まれたもの」である。

しかしながら、日本では〝武士らしく〟〝町人にふさわしく〟という徳川時代の「分」に安んずる社会では、「である」論理をモデルとして行動していた。しかし、近代社会に入ってそれを特徴づける機能集団——社会・政党・組合・教育団体など……の組織は「する」原理に基づいているが、「である」価値が依然根をはっている、と。

しかも、大都市の消費文化においては、「する」価値がとめどなく侵入し、ただ前へ前へと進む「する」価値による近代化が効率主義の氾濫をもたらしている。しかし、文化的創造にとっては価値の蓄積が大事であり、もたらす結果よりそれ自体に価値がおかれている。とすれば、「『である』価値と『する価値』の倒錯がまん延し、後者によって批判されるべきところに前者が居坐っているという倒錯を再轉倒する道」をひらかなければならないという。つまり現代日本の知的世界に要求されるのは「ラディカル（根底的）な精神的貴族主義がラディカルな民主主義と内面的に結びつくことではないか」と結ぶ。

抽象的な結論の引用で終っているが、筆者の意見をいえば、日本文化の特徴はコラボレーションにあって、異文化が継受されても伝統的文化も生き残り、時には伝統が継受を消化しつつわが物にすることが多いという点にあると思う。

丸山のいう主体的自我のインテレクチュアルな改革は日本文化にとって至難の業だと筆者は思う（後述）が、読者の感想はいかがであろうか。後述に期待していただければ幸いである。

②　とりあえず日本人の「無自我性」をとりあげた、稲富栄次郎（『日本人と日本文化』）について簡潔にいえば、民族的個性がなく、島国のため排他的独善的で、他を多く知らないから自我の認識がなく、そのため明治になってからは西洋崇拝に捉われて、滅私・没我が強調され、逆に無我・大我に帰することを強調したと。

一九七〇年・八〇年代は戦後日本人論の全盛期である。それも欧米に対する認識が高まって、その結果、日本人の劣等意識が強調された時代として記憶されることになると考えられる。

その日本人論に火をつけたのは、イザヤ・ベンダサン（『日本人とユダヤ人』）である。法外の法・情状酌量に人間味を見出し、その土台に「日本教」をおき、さまざまな歴史的引例がある。著者不明で評判をよんだ作品であった。

次いで、これもベスト・セラーになった、会田雄次『日本人の意識構造』は筆者もゼミナールでとりあげた記憶があるもの。

読者も考えなかったこととして、「つくる文化」（ヨーロッパ）と「ある文化」（日本）の対比が、〝平和〟の問題を考えたときには、分裂と統合を繰り返した前者では〝平和〟も「つくる平和」であったが、日本では「ある平和」であったということが、例えば災害復興についていえば、日本は得意でないということになる。ヨーロッパに行ってビックリするのは、空爆でめちゃめちゃになった都市が再建（というより復活）されていることである。その一例をあげればフランスのサン・マロの場合、筆者もビックリの〝復活の限り〟であった。

家庭生活でも個人生活でも、攻撃・攻勢が防禦という精神が外を向いているヨーロッパに対し、日本では内側に退いており、信頼できる人にだけコッソリ打ち明けるということになる。これでは表文化（公的な体制的文化）に対し、裏文化（私的で非体制的＝人間・社会）が優越することになるという。

③　一九七一年度の作品、まずベスト・セラーの土居健郎『甘えの構造』という精神医学によるというユニークなもの。

「気がね」・「こだわり」・「遠慮」は、甘えすぎに対する注意信号で人間関係の種類を区別する目安であるという導入から話は核心に入る。

留意すべき事項を拾ってみよう。

天皇が国民の象徴であるというのは、身分が最高でありながら地位を国民に依存するという幼児的依存であるという。これは著者の誤解ではないか……。

公卿政治の時代は文字通り公卿集団による寡頭政治であり、武家政治の時代は天皇は政治権力の行使を征夷大将軍に委任しており、親政を求めて〝事変〟をおこしたとき以外は、歴史上、天皇は君主の名目を保っていたにすぎないのではないか。ということで、〝象徴〟の地位は何も現行憲法に限ったことではないと思うが。

ヨーロッパの君主国の場合も、現在は多くの国が元首として象徴にすぎないという例が多いはずである。

甘えのイデオロギーを支える社会的慣習として、敬語の使用、祖先崇拝、祭祀の習慣がある。

情緒的に自他一致の状態をかもしだすという非論理的で直観的であると同時に、平等性を尊び寛容・包括的である。つまり日本は母性的心理、西洋は父性的心理（鈴木大拙）である。無原則の原則・無価値の価値を説く神ながらの道も同様に無差別平等の道を説く（本居宣長）。丸山眞男のいう座標軸の欠如である。

「わび」「さび」という日本的審美感は「いき」を含めて、本居宣長のいう「もののあわれ」であり、この感性は甘えのマンタリテに外ならないと。

こういわれると、日本の美意識はすべて〝甘え〟に帰せられ、西洋の論理的世界観からはダラシナイとなりかねない。しかし、著者は、西洋人のキリスト教的自由も空虚なスローガンにすぎないのではないかと悩み始めており、日本人の甘えの精神と余り変わりはないものとなるという。

「甘え」の論理の最後にとりあげるのは「気の概念」である。「気がある」「気が多い」「気が置ける」「気が利く」「気が気でない」「気が腐る」「気が沈む」「気が済む」「気が付く」「気が遠くなる」「気が咎める」「気が無い」「気が早い」「気が引ける」「気が触れる」「気が向く」「気が揉める」「気に入る」「気に掛ける」「気に食わぬ」「気に障る」「気にする」「気になる」「気に病む」「気を失う」「気を落とす」「気を替える」「気を配る」「気を使う」「気を付ける」「気を取られる」「気を抜く」「気を晴らす」「気を張る」「気を引く」「気を回す」「気を持たせる」「気を揉む」「気を悪くする」「気短か」「気むずかしい」「気さく」「気前」「気立て」「気持ち」「気まま」など……。

思うに、気持のもち方・反応が細やかで、情的性向に長けており、「察しの文化」の典型例である。対して西欧は知的反応の傾向が強いということか。

「甘え」の病理について。

加害者・被害者は明治初期につくられた言葉で、それ以前は「……された」という具体的事実を受身の用法で述べる言い方をしており(金田一春彦)、甘える者がそれを邪魔されたと意識するいいかたであった。

つまり、被害者意識は甘えと密接な関係があり、被害妄想は甘えの心理の病的変容であると。

意識といえば、一般常識では、〝気持ち〟である。前述のように氣持にはさまざまな表現方法があり、そこに日本人の情的纖細に富んだ巧妙な〝言い回し〟が存在していることに讀者も気付こう……。

さて、現代社会においては、個人主義が主潮となって甘える対象がなくなっている。にもかかわらず甘えの感情がなくなるわけではないため、自殺がふえているというわけか(?)。

しかし「甘え」の感情は西欧人にもあるはずで、「神に対する甘え」である(ザンゲ・告白)。また自立を強調しても隣人愛がある(マタイ伝)と筆者は思う。

こうして自我がふらつく西洋の現状について、甘えの理由の日欧の差異（人間どうしの甘えに対する神への甘え）を明らかにすることに法文化論の課題が埋もれていると思うが……。

④　同じ一九七一年に本書にとって逸せられない深作光貞の著作がある。「猿マネ文化」という。

〝猿マネ文化〟という主題の意味は、外来文化のコラボレーションは「猿マネ」をしたにすぎず、農耕民的日本人にとってヨーロッパの高度な文化は権威付け・箔付けのためにすぎず、日本人の精神面に根をおろしていない（うわべだけのマネの〝猿マネ文化〟）ということにある。一九七〇年代は明治百年の猿マネによって、日本経済は農業でなくなり、自然の崩壊によって伝統文化の商品化が進み、日本文化の転換が迫られているというのである。

この猿のような〝毛づくろい〟意識が日本の現代社会にとって、民主主義と結びつけば「悪平等主義」になるという。そして能力よりは信頼が優先し、契約思想より人とのつながりが重視され、主義主張より自我を軽視してタテマエの形骸化の道を求めるという。他面、現代社会の「人間性疎外」において、情的〝毛づくろい〟が現代的条件に即応して、近代合理主義の行きづまりを打開しうる武器になるのではないかとの期待がもてると。

筆者は、本書の〝毛づくろい〟について、それを和様化し自家薬籠中のものとし、さらに、これまで「和の精神」でひとくくりにされてきた問題について比喩的に細かく説明できたと思う。しかし、〝毛づくろい〟だけで人間性のもつ多面性について説明されていると誤解することは避けたいのだ。

この時期は、まさに日本人論・日本文化論について百家争鳴の有様である。時を同じくして法文化論の創唱と重なるのも偶然ではないはず。

しかし西欧法継受のさいの〝毛づくろい〟はどう進んできたのか(?)。

まず、木村敏の精神病理学的日本論(『人と人との闘い』)である。日本について人と人との間における義理・人情の話に焦点を合わせられると、「隣の人は何する人ぞ」ともいえる現在の社会状況を考えて疑問に思う説明にもであう。また「罪と恥」(ルース・ベネディクト)の話もかなり現代離れの感がある。

前記土居説との違いを強調する面(例・「氣の概念」)もあり、土居説では母子未分離が自他一致を生んでいるといい、木村説では自他の間に分離が生じるときにおこる「自己疎外」が自他一致を生むという点の違いは法文化論にかかわりがあるが……。

他方、驚異的な経済成長と、その見返りとしての自然破壊、他国人との接触がふえてくると、国際社会における日本人のあり方が検討されるのは当然至極である。

⑤　筆頭は、樋口清之（『日本人の知恵の構造』）。内容は、自然、衣食住、生産・労働、科学・技術、芸能、信仰・精神構造という総花的文化論（歴史から現代までの流れを知るには便利）である。

つとめて法文化に関係する事項をとりあげたいと思うが。

「住」について考える。障子・唐紙の間仕切りは壁となり、使用勝手に従って、リビング、ダイニング、化粧室、寝室……と区切られる。とくに居室については、子供部屋が独立した点である。子供の自律心を尊重するというのが西洋のモットーであろうが、日本では子供の我ままを助長する結果になって、自由が身勝手主義になるのではなかろうか。即ち、自律を支える自己責任という〝自由と責任〟の西欧流儀を身につける生活慣習は日本にはないからである。

「個人主義」については後述するが、個人の尊厳が説かれた昭和六十年代の話である。興味ある経験があるので紹介する。

東大助教授の若夫婦と幼い子の話である。個人の自由の前提にある自立について子に教えるに当たり、轉んでも自分で起きることを学ぶよう腰に縄を付けて独りで歩かせているというのである。これでは〝察しの文化〟にとっての感想はマンガチック（犬？）ではないか。

それはそれとして、個人の自由について、日本人はどこまで理解できているかについては讀者にも興味ある法文化であろう。

島国を因とする帰化人の多種多様さについていえば、京都・五畿内の姓氏二〇五九種のうち帰化人の姓が三二四種に上るという。つまり、外来のものを吸収―対応するため外来文化の吸収に熱心であった証拠といっていいだろう。

芸能についていえば、茶道・華道・縮景芸術にみる〝自然の心〟の表現、仏画・絵巻物・水墨画・障壁画・浮世絵によって美術史が語られ、外来寫生画・肖像画・抽象絵画の展開によって美意識の高さ（神秘性・幽玄）が特性となっている。加えて〝やきもの〟は土師部（ハシベ）・陶部（スエツクリベ）・奈良三彩・瀬戸焼（加藤唐九郎）から始まる日本窯芸の隆盛は世界で誇れるものの一つである、と。

それでも例えば「いけ花」、には、天・地・人の理論が語られ、また投入にはガーデニング模倣の一端を垣間見ることができるように思うが……。

西洋流の考えの最たるものは美意識の理論化といってもよい抽象画だが、日本には西欧画にみるような名品はなく猿マネだろう……。

精神構造に最も大きな影響を与えたのは仏教であり、この問題は後に詳述したい。
⑥　宮城音弥（『日本人とは何か』）は心理学からみた文化総合史を試みている。
風土心理学からみて、文化は借用・同化・変化の過程で独自のものをつくりあげたが、個人主義的精神が未発達で寛容宥和の精神をもつ。

歴史心理学的考察からみて、ヤマタノオロチはギリシャ神話のアンドロメダや「ニーベルンゲンの指輪」のジーグフリードに類似の話であり、日本神話の思想体系は天皇の系図中心である。オノコロジマ神話は性的シンボルの話、神武天皇から第九代天皇までは体系化の目的因に基づく話、そして願望の神功皇后と続く。こうして古事記にみる伝誦文学が伝統として平安時代の文字文学に最高の形態をみることになる。

文化心理学的考察からみると、国民性・民族性（個人主義的か集団主義的か）がわかる。例えば、タテ社会を考えれば、序列意識が強く、家元制度はその最たるものといえる。ここでは、いわばナワバリ意識であり、「世間」における身内・仲間ということになろう。それが近代化に当たってブレーキとなったのに対し、西欧ではルネッサンス、宗教改革によって個人主義が発展したという違いがある（日本の個人主義については後述）。日本文化においては、自由主義・合理主義の発展を阻み、派閥性と結びつくと他人に対する感情的コミュニケーションが主で集団的行動に走り易く、日常生活で合理的態度をとることに慣れていない。

⑦　外国思想の移入について、異文化の受入れに抵抗しないという〝融通する自我意識〟が日本人の場合であり、ヨーロッパ人は「日本人って随分違うね――」でおしまいという〝変らぬ自我〟の持主であるという違いについて明らかになったところで、前者について述べた論稿がある。仁戸田六三郎『日本人自身――日本文化にみるその実像』である。まず、外来思想の移入について、調和・融合されて日本化されたという見方と、日本独特のものを創造できず現代に至るまで雑然としているという見方の二様があるが。いずれも誤りであって、著者は「日本人の思想は……生活の思想」であって西洋の如く「知性によって考えられた思想」ではなく、人間自身に主体性を置く生活から滲み出て必然的に生み出される思想である」と考え、次のように結論する。

人間優位のヒューマニズムがキリスト教思想を原点としているのに対し、「日本人の思想傾向は人間よりも自然の方により多く傾斜している」ことが一貫しており、「今の日本には伝統的慣習と現代文明とが錯綜していて、殆んど解き難い問題を提供している」。従って、ヨーロッパ思想の知性で日本文化を解こうとすると、その真相を理解しえない日本人の知性人が多く存在することになり、頭脳と生活は欧米人と同様でもタテマエとホンネを使い分けなければならなくなる。しかも最近は「ホンネが弱化してタテマエだけになって、それに向ってハッスルする傾向が強いようで……単細胞化しつつある」。それも「論理的には中論的なもの」があり、それも根本原則を無視した論理学以前の肯定・否定の中間論理化した論理学以前の中間原理が美徳といわれていると、ヨーロッパ人はいう。

つまり、「欧米では両立できないものが、日本ではちゃんと両立して共存しているという点に欧米の合理主義思考との大きな差異がある……。表現・信教の自由が保障された現代日本であるが、そのために必要な責任感の強い強靭な自意識はなく、清濁合わせ呑み畏敬と敬虔にみちた自然の形而上学をお家芸として日本人自身を堅持していると……。

筆者は思う。「中道に真理あり」（竜樹『中論』）という。肯定・否定の二辺にとらわれず、言葉・観念から自由になり相対化した境地に入ることを佛教で説いており、それが日本人の文化遺伝子の一つとなっていると考えられるのではないか。

第五節　心理と論理(二)

(1)　日本人の心理と論理の特色が、その「自我意識」によって規定されていることは容易に想像できよう。

とすれば、その自我意識に執着して諸論稿を発表してきた南博の『日本人論』について一言・二言せずばなるまい。〝まとめ〟が『日本人論の系譜』であり、筆者の『法文化論序説（上）（下）』の所説紹介に役立ったことはいうまでもない。

まず戦後八年足らずで『日本人の心理』（一九五三年）についての歴史科学的考察に始まって、三〇年近くたったのちに総括した本研究書を考えると、その熱意は本節の主題によく符合することは間違いないとの思いは当然であろう。

即ち、これまでの日本人論は自画自讃か内輪ぼめが多かったが、ここでは史的資料に目を配りながら心理の傳統についての客観的考察をしたいという。

①「自我意識」について、〝長いものには巻かれよ〟という権力への自動的な服従の習性によって自我は成長せず、〝触らぬ神に祟りなし〟という八方美人主義により自由な個人的自我は確立していない。そのため、自我の主張は利己心を満たすことに向かい、自己

中心主義になってしまうという。けだし名言である。

② 「幸福・不幸の心理的体験」について、幸福状態の生活感情を表に出すことには遠慮しがちな習性をもち、不幸を忍ぶことが美徳だと考えている。そこには幸福のはかなさを感ずる無常感があって、不幸の忍従が救いになるという日本人の心理的傳統があるからだろう。

〝苦労は人につきもの〟という。この〝あきらめ観〟は義務観念によって免疫されない日本独特のものである。

③ 〝身のほどを知れ〟というマゾヒズム的処世観は一つの処世術である。「月にむら雲、〝花に風〟は、自然のうつろいやすさから、人生の不幸を理由づけ、自然と人生を同一のもの」とみなす日本独特の心理的伝統である。そして〝苦は樂のたね〟として報いられる、いわば逆境幸福論ともいうべき〝救いの止揚論〟である。

筆者が観た映画作品の印象でも日本の恋愛映画では別れ・死別の結末が多く、洋画の場合ではハッピー・エンドに終わる作品が多いという記憶が強い。

また、〝忍ぶ恋〟などの感情抑制はマゾヒズム的で、西洋ルネッサンスの精神とは相反している。感情の外部表現を抑える見本といえば「能」であり、その心理的演技に芸術的価値を見る伝統は今も残る文化遺伝子と考えてよいはず……。さらに〝茶禅一味〟にみられる不足主義は自我の解消、自我の否定の見本である。

④　次いで、日本人の非合理主義・合理主義について考える。

〝めぐり合せ〟（運命）という考え方は人間の一生が予定されているという宿命主義によって、因縁論や因果論が語られ、非合理主義の基礎となっている。そしてそれによって、知足安分思想が使われ、自然順応主義となっているのではないか。となれば、「世の中のことは理屈通りに行かない」という日本的非合理主義として、融通がきき、〝処世上の合理主義〟になるという具合である。

筆者には、合理・非合理の明確な基準がないとなれば、合理と非合理の間をゆききできる「融通する自我」が日本文化の〝深層〟に横たわっていると考えざるをえないのだが……。

融通する自我＝弱い自我は、権限と責任のバランスが崩れており、そのため公私混同し責任逃れを生むのが通常である。いうまでもなく、近代西洋社会では権限があれば責任があると考えるのが常識である。弱い自我に基づく責任逃れは日本特有の心理的産物であるという。

(2)　南博『日本人論の系譜』は、いわゆる〝日本人論史〟であり、文献探しに役立った。本書にとっては、〝自我の不確実感〟を論じた『日本的自我』が参考文献に値する。〝自我不確実感〟とは、弱気・気がね・あきらめなどの消極的自我に対して、思いやり・やさしさが生む熱中・研究心・向上心・融通性などの行動的自我がそれを補おうとする複合的自我が生まれるという不確実な構造的性格をもつ自我状況のことをいうと説く。しかし、〝不確実感〟では法文化を論ずるに当たってキー・ワードにはなりにくい。が、何かヒントがありそうだと探ってみたいと思う。

著者の叙述は体系的に、不確実感の実相、集団我の形成、自我の位置づけ、慣行・儀礼・流行などにみる定型化と完全主義、文化・意識の多元性へと進められる。

〝自分はこうだ〟というより、他人からどうみられているかを氣にする弱気・内気・ひっこみ思案・ためらいなどの消極的な行動傾向をとり、判断はできても不安が先立ち「取りこし苦労」をして自己決定を避ける。そのため、その場主義となり、自我の一貫性に欠ける、つまり自我が融通するということになる、と。

自我不確実感からくる決定不安は、集団への依存・帰属意識によって軽くなり、対人関係における他者との位置付けが確認されれば不安は鎮まる。名刺交換・贈答による格付けはそのためで、日本人が番付やランキング好みであるのは周知であろう。

このような定型化を追求するのは、自我の確実感に役立てようとするもので、礼儀作法・年中行事・敬語の型などは風俗・レジャーにも及び、意識の画一化が促進されているといえる。凝り性の人ならそれを生きがいにする人もいることは知る人ぞ知るであろう。

自我の集団への依存は、その所属について、運命共同意識をつくりあげ、個人決定の不安を解消する役割を果たすから、個人我は集団我におきかえられることになる。「小我を捨てて大我に生きる」「小異を捨てて大同につく」というわけで、いわば「他律的文化」といえようか。

自我の集団への結びつきについて、ゆるいものから強いものへの順を追うと、レジャー（社交）—職場—地域—国家—家族という序列があるという（現在では家族我が崩壊に向っているという批判があろう）。

日本的マゾヒズムの例をあげる。自嘲・自責・自粛の形で自己の欠点をいい、他者による規制を先取りするのは、責任の回避をねらった心理的な防御のメカニズムであり、責任を他者に転嫁するメカニズムは日本的サディズムでもあるという。

日本人の自我は序列意識によって確認されるというから、この指摘は興味しんしんであると筆者は思う。

戦後においても、敬語表現の使い分けは天皇制と不可分であり、人間関係の精神安定をもたらす心理的機能をもっている。番付・ランキングの現代例として歌手（レコードの売上げ枚数）・役者のベストテン・リストで出演料が決められている。

〝型〟の社会はどこにでもあるが、日本に特有なのは〝書き言葉〟の型である。敬語の使い方・男性用語・女性用語に限らず、職業用語・隠語などは集団の一体感に基づいているから自我の不確実感を集団我によって強化するメカニズムの意味をもっている、と。

定型化の大きいのは、まず「衣食住」である。

まず「衣」の定型化は対人認知の基本であり、料理法の画一化・住生活の様式化に始まって、レジャーの定型化と、手本の型の完全主義は先に述べた猿マネの話に通じよう。秘傳・奥義の伝受と称する型の修得は、学問の伝承に及んで徒弟制度ともなっているから、型を破る新機軸は生まれにくく、弊害は学術の方法論にまで及ぶという有様である（本書の『法文化論』は、〝型破り〟か）。

自我の不確実感が定型化を進めたことは確かであるが、こうまで不確実感の欠点だけをあげられると、いささか腑におちない気分になる讀者もいるだろう（？）。いうまでもなく、著者の社会心理学は西洋の学問であるから、その方法論でみれば、日本人の自我意識は不安だらけと感ずることになるのは理の当然であり、そこに描かれている比較文化論の様相こそ法文化比較のキー・ワードになると理解していただきたいのである。

それを、これから「多元性と融通性」のテーマで論ずる。

まず、日本人の行動様式の〝多様性〟について。

さまざまな国の文化輸入は、宗教を始めとして芸術・科学・技術の面で多元的となり、それを今日まで保持している（「雑種文化」といったのは加藤周一か？）。

筆者は「コラボ文化」と称したが、新しい文化をとり入れても古いものは捨てずコラボレートするのである。かくて、合作の結果はいわば融合（結合？）することもあるが、古・新・融と三部分立することが多いという状況で、著者は〝多重構造的性格〟とよんでいる。

こうした「コラボ文化」における自我意識こそ法文化論にとって緊要な課題というべきだろう。

ここで読者には、初めに述べた「うつろう」風土を想い出してもらいたい。つまり、「うつろう文化」の基底にあるのは「うつろう自我」であろう。それは確固とした自我ではなく、状況に応じて変化する自我意識というべきか。これでは言語矛盾ということになるが、本音は我欲の使い分けであろう……。

「うつろう自我」は時に応じて態度を決めるという自我の使い分け（?）になるわけで、それが融通性になると筆者には納得がゆく。神との契約（旧約・新約聖書）を基底におくヨーロッパ人の自我は確固たるものと推察できるから、この違いが法観念の理解に影響を与えることは間違いない。

(3)　〝日本人の心理と論理〟にみられる多重的性格の各ポイントは明らかになったと思うが、思想界の大物、印度哲学から始まったヨロズヤの重鎮たる中村元が説く自我の実相論『日本人の思作方法』に触れずばなるまい。

内容は「与えられた現実の容認」「人間結合組織を重視する傾向」「非合理主義傾向」「シャーマニズムの問題」となっている。

①　山・川・森・巨木・巨石などに神霊の降下を仰ぐ神秘信仰、「草木国土悉皆成仏」という精神をもたない自然界に対しても現実肯定に終始する日本人の自然界との一体感は人間の現実世界との強い調和心を生み、日本宗教の「現世利益」につながる現実主義ということになろう。

商売繁昌（稲荷）・学業成就（天神）などの「現世利益」志向心は神社信仰の人氣と一体である。

この日本人の現実主義が「うつろう文化」のなかで働けば、計画性は容易に生まれない。ヨーロッパの特色を計画主義と捉えるなら、その見本は都市計画観念の違いにはっきり現れよう。そして、この違いは「法文化」にとって極めて重要なポイントになってくる（後述）。

また、権力関係についての社会現象面では、古いことではあるが、平安時代の四〇〇年間に「死刑」が行われていないという事実にみるように、宥和的精神状態にあったということがいえるのではないか。

他方、西欧におけるキリスト教史を振りかえれば、他宗教に対する弾劾は数知れず、十字軍や魔女狩りなどはその残酷な例であろう。

さて、この日本人の寛容の性格が外来文化の移入に威力となり、諸国文化の溜り場となったさい、整合性を考えて統一法を編みだす余裕がなかったということになる。しかし、それにも拘わらず和様化を考えて取り入れ、文化の一部にしてしまったというわけ……。つまり、コラボ文化として自前のものにすると筆者は考えている。

(4)　佐々木高明の『日本文化の多重構造』の場合も柔軟性による「受容・集積型文化」であり、そこには「調和と協調」が求められているという。

しかし、単に「調和と協調」というだけでは西欧社会も例外ではない。〝個の尊厳〟を保ちながら、積極的に近所・仲間＝同士のパーティなどの頻繁なことは日本人の及ぶところではない。社会現象としては同じでも日本人は自ずからであり、西欧人は自らであるから、その深奥にある自我意識が異なる点に留意が必要である。それが法文化の違いに表れてくるのであり、日本の場合は〝法文化の多元主義〟と皮肉られても仕様がないだろう。

これでは二元的対立の法文化観念がなじむわけはない。「日本人の法嫌い」といわれるのも道理である。筆者にいわせれば〝融通性のある法文化〟ということになって、問題を孕む法文化といわざるをえないことになるのだが…。

話は変わるが、いっとき流行したルース・ベネディクトの『菊と刀』における「罪の文化」と「恥の文化」の比較文化論も現実主義に関する比較論でもあろう。

いうまでもなく「罪の文化」はキリスト教を基底とする西洋古来の告解を伴なう現実主義の性格をもっている。のに対し、日本の「恥の文化」は現在では妥当とはいえないだろう。なぜなら、名誉を傷つけられてそれを恥と感ずるには個人主義が自己中心主義になった現在の日本人にはありえないと思うからである。

中村説の続きは「人間結合組織」、つまり人間関係を重視するため「我」を主張する個人的自覚は不明瞭になるという話である。いうなれば「義理と人情」の話であるが、現在ではそのまま通用しない話題ではなかろうか……。

源了圓（『義理と人情』）が、この話を論じているので参考に……。

日本の村落社会では生活について公私の区別がつかないため、普遍主義的倫理観念は育たず、共同体の一員としての役割から生まれた思いやりとか共感とかによって個別的な義理あるいは人情という文化が形成されたという。が、これでは普遍的な法意識が育つわけがないとのべた点はよく見ていると思うが、都市社会ではどうかについては無言である。

現在のＩＴ社会にはなれば、都市も村落も義理・人情や恥も人間にとって文化として無関係になるといってもいいのではなかろうか。それこそ自己が中心である。

ここでもう一人、社会文化の観点から集団と個人の関係を観察した、荒木博之（『日本人の行動様式』）をみておきたい。「集団と個」・「他律と自律」のキー概念からの考察である（石田英一郎説による）。

前者（集団・他律）は農耕的定住集落的共同社会の特徴であり、後者（個人・自律）は牧畜的移動的個人社会の特徴である、と。文化遺傳子から考えて文化人類学での指摘に誤りはないが、しかし、現代日本の資本主義社会については、文化人類学上の説明だけでは不十分だと筆者は思う。とくに〝他律〟については中世以来の宗教教理上の理由が大きいと思うので、この点については後述に譲りたい。

さることながら、〝他律〟は自我の不在につながる可変的自我として、日本人の行動様式のもつ一面を解いている点は参考に価しよう。

(5)　さて、この論点について深層心理学的考察を説く河合隼雄の〝中空構造〟(『母性社会日本の病理』『中空構造日本の深層』『人間の心理』)の論説は逸することができない。

まず「母性原理」についていえば、すべてのものを平等に包みこむため、自我の確立は行われずに、他人に対しては「察しの文化」で以心伝心により同意に達し、無意識内の自己を中心に形成され一体感をもつという。

『中空構造』においては、中心が空であり、そこに体現者をつくって周囲が中心のために戦うのであるという。象徴、天皇制の位置付けに使われていることは明らかだが、市民すべてが無我だというのだろうか……。

「人間結合組織」についての次の話題は「間人(カンジン)主義」という。西洋の個人中心の人間観に対する集団のなかで自己が生きるという日本文化の話である。引かれて例は関連部門と調整する（根回し）稟議制度である。

しかし、中空では何でも入り、その自我の様相は全く混沌としていることになると筆者は批判したい。

日本人の集団主義を論じた、川本彰（『日本人の集団主義――土地と血』）は、稟議制度の例にみる如く、それは全体主義ではなく、集団と個人が相互に許容しあい補完しあう臨機応変の態度であり、全体主義とは異なる。いわば中村元のいう〝現実主義〟に見合うものだという。この考え方のほうが本書に見合うだろう。

それにしても日本人の集団主義は根が深い。間庭充幸（『日本的集団の社会学――包摂と排斥の構造』）によれば、日本の社会は民族的に同質性が高いから異端視されることを恐れるというところに原因があるというわけ。

こうした社会で〝個人主義〟を貫けば、個人中心主義（エゴイズム）にならざるをえないのであろう。憲法が規定（一三条）する「個人の尊厳」は単に「全体主義ではない」というほどの意味であったはず（宮沢俊義）だが、西欧流の個人主義では自己責任と対になっているという点が日本人には理解されずにきてしまっているのである。

森嶋通夫が戦後まもなく〝自由と責任〟について強調していたのは日本人の欠点を知りつくした経験からの警句であったことを思いだす読者もいるだろう。

にもかかわらず、近年になって新聞が社会欄で報ずる毎日の家庭内暴力の記事。娘に対する父親の性行為から果ては子供に対する死にいたる虐待行為など。かつての子供をかばって死に至った親の記事とは全く正反対の家族共同体に関する話題は、その崩壊をあらわす社会の出現といっていいだろう。

会社共同体における終身雇用の脆弱化、村落における人口減少による合同作業の弱体化などをもあわせ考えると、日本の集団主義の行方は混沌極まるといえるのではないか、それに個人中心主義が輪をかける。ということになると、個人の自由・権利を保障した憲法社会について、その現実の姿をどのように描けばいいのだろう……。

少なくとも、ここは筆者のいう「コラボ文化」ではない。話は幹から法文化の枝に入るが、〝個人主義〟について関連文献の紹介をしたい。

(6)　そこで、日本の個人主義を論じた山崎正和（『柔らかい個人主義の誕生 ―― 消費社会の美学』『日本文化と個人主義』）をみておきたい。

①　まず、六〇年代の、経済大国化・〝七〇年代の住民運動による地域の時代〟を経て、

個人は職場と家庭の縮少という社会状況のなかで個別的性格を強めて、モラトリアム状態に入る。つまり個人の個別化は個人の自立を促す条件とはならず、社会のアトム化を形成するにすぎないのである。つまり、個人の個別化は単に社会のアトム化を形成するにすぎなかったと、いう。

アトム化すればますます自己中心になるわけである。これでは自我は一元化するだけで、法的二元化（原告・被告の例）は困難となろう。

こうして日本人の〝法嫌い〟は進むだけ……。

さらに、山崎は、〝柔らかい自我〟の立場から学者仲間がいう「イエ社会」や「間人（カンジン）主義」などの日本文化特殊性論を批判して、「日本文化の世界性」を論じることになってくる。

まず、これまでの日本文化論には〝過剰な特殊化〟と〝文化原点主義の危険〟があったと八〇年代までの論調に異論を唱えることから始まる。表題はまさしく「日本文化の世界性」である。

批判の対象は〝農耕社会の特殊性〟であり、そのための〝人間同士の集団的協調〟（間（カン）人（ジン）主義）であって、評判になった村上泰亮・公文俊平・佐藤誠三郎『文明としてのイエ社会』もまた批判される。即ち、室町時代から江戸時代にかけての和室・和食、生け花・茶の湯、能・狂言などの芸能、キリスト教の移入、鉄砲・造船・医術などの恩恵、江戸時代の歌舞伎・浮世絵、三味線音楽などの芸術が宗教観・政治観・経済観を言語化して近代化に資することになると（これらと法文化の関係については後述）。

こう考えると、日本文化の中枢的伝統は農民的でもなく家族主義的でもなく、むしろ都市的・商工業的・個人主義であり、一七世紀以降の西洋文化に似ているのではないか、と。だとすれば、その背景には集団を離れた、個人としての倫理観があったからだともいうのである。

筆者も江戸時代末期には形こそ違え、資本主義の基礎ができていたとの経済学者の話を読んだ記憶がある……。

本書に問いたいのは、西洋法の継受に当たって日本の法文化がどういう反応を示したかであり、とりわけ民事法についての受けとめ方にあるといっていいだろう。なぜなら、刑事法・行政組織法については律令以来の経験もあったが、法文化の遺伝子として問題視された「世間の道理」は民事のそれだからである。

話は山崎論文に戻って、今度は間人主義・間柄主義について、それは相互依存主義・相互信頼主義の特徴をもっているから、個人と全体の双方を性格付けるものであり、単なる集団主義ではなく、関係から実体をみようという関係主義という点で革新的であったと評価する。

② この山崎説に対してフランス憲法文化説より論評したのが樋口陽一である。革命後に主体となった個人は、自己決定をし、その結果を自分自身が引きうけるという強い個人でなければならない。そこでフランスでは家族を積極的に肯定し（一八〇四年民法）、一九世紀中葉まで家支配権が市民的自由の砦とされていた。

個人が人なしでは生きられないとすれば、個人と社会との関係について、個人あっての社会と考えるか、社会あっての個人とみるかによって、つまり個人と社会の関係の見方によって、国家社会について大きな違いが生ずることは誰にでも理解できよう。

日本の場合でいえば、戦前において家族制度や集落あるいは会社を中心とした地縁・血縁関係・労務関係のもとに個人生活が存在していたので、新憲法になって、いきなり「個人の尊厳」などと憲法に規定されても個人主義に生きる良策が理解できるはずもなかったのは当然である。

〝察しの文化〟もどこかに消えて個人中心の生活になるということは明らかである。つまり、ここで働くのは〝振り子の原理〟であり、政治が無策であれば孤族となり、結果は自己中心にならざるをえないというわけである。

親子三代の家族生活は伝統工芸など親子相伝の職業に生きる人々のなかにみるだけという始末……。

ヨーロッパ法の個人主義は現代日本人には無理があるというほかはない、と。しかも国家の出番を考えれば、「社会国家」の果てに待っていたのは国民総番号制であり、個人のプライヴァシーまで管理されるという事態を生んでしまったと語る。

それでも、いやそれだからこそ、樋口は、あくまで人種の普遍性と文化の多元性を両立させる方途を考えなければならないという。

樋口が引用する藤田宙靖は、西欧では個人と社会の緊張よりも融合を強調する思想が、より民主主義的な・より社会国家的性格を強調しており、その理由として国家の社会に対する介入が全面化して、私的社会と公的国家の活動が不可分になり、「国民主権の統治構造のもとで治者（国家）と被治者（社会）の自同性が実現しているが、その区別こそ「個人の自由の前提条件」であるという。

樋口も同趣旨を敷衍していう。個人と国家の緊張を出発点とする個人主義社会観は、

「アトム的個人」への解体とナチズム登場という歴史的経験と表裏をなしており、〝主権の成立と個人の解散〟に密接な関連をもつが故に重要である。国家・社会二元論は、国から自由な諸個人がつくる社会であって、国家と個人の中間に社会が存在するわけではない。自由な個人の活動領域が社会にほかならず、諸個人の総称としての社会も国家と対置しているという意味で二元論である。これに対し、国家・社会一元論は国家も社会の一形態として捉えられ、「下からの民主的創造」が強調されるのであって、この両論についての日本的終着点はどこかという問題であり、これに対しどう答えればいいか、それこそが難題であるという。

筆者の考え方に関しては、読者にも容易に想像がつこう。日本文化を基礎にして考えれば、個人・社会・国家に対応する「個人主義」は、個人を中心に「世間の道理」(社会)を考え、個人と「世間の道理」が対応して国家に向きあうことになるはず……。しかし「世間の道理」については、戦時中の「隣組」という苦い経験がある。従って「世間の道理」の現代版を考える必要があろう。

ともかく、日本人に「強い個人」＝「強固な自我意識」を期待することは不可能である。樋口説も、「強い個人」を日本人に期待しても自己決定が独走の危険をおかし客観的価値の追求との緊張関係はエリートのイデオロギーであって単なるスローガンに終ってしまうと危惧するのである。しかも「柔らかい個人主義」は個人主義ではないという。

西欧では自由と協調を両立させるための論議をしながら双方を背反させない工夫をするのである。即ち、個人主義は人間主体のあり方の話ではなく、精神態度の程度の問題にすぎないのであって、社交時の心理的状況の持ち方であると樋口はいう。

この点について筆者がいえば、日本人は自我が融通して社交する「察しの文化」となるのに対し、西洋では自由と結びついた個人が理屈で納得して共同体を尊重し社交を行ってゆくという違いであると考えられる。言い換えれば、日本では人間関係の親和性を尊重したいときは情的に行動するのに対して、西洋では理屈に納得して行動するといえば判り易いだろう。

しかし、情的に親和性を尊重するということなら個人主義も多元的となり、〝世間における個人主義〟ではマンションの例による「隣りは何をする人ぞ」という場合の個人勝手主義になる可能性も多いのではなかろうか。

ヨーロッパでは個人主義といいながら、さまざまな形でパーティが行われ、お互いの気心に通じる機会が多いことを〝映画〟が教えてくれている。大きなものでは、それを通して女性の成人を祝うもの、つまり男性をみる目を養う機会とするものから、文字通りの隣り近所同士のティー（ビール）・パーティまで、顔見知りの機会をもつことが積極的に行われている。

では日本ではどうすればいいのか。うつりゆく自然・風土のなかで、大災害時におけるボランティアによる援助は現在では「世間の道理」となりつつある。この現状を見本として、日常生活におけるＩＴ社会のなかで「世間」の育成に活用することを考えたらどうかと筆者は思案しているが……。

田中直樹（『日本の個人主義』）は、丸山眞男・川島武宜・大塚久雄の説によりながら、個人主義における自律をいかに教え込むかについて論ずる。

答は、利己心は誰にでもあるから、それを合理的に考えて最大化しようと努めよとまず教えよという（大塚史学の活用）。

(7)　中村元に戻り「非合理的傾向」を論ずる。中味は、「非論理的傾向」、「直観的傾向・客観的秩序に対する知識追求の弱さ」である。

日本語は論理的正確性を期するより感情的・情緒的を期する傾向があり、思想を表現する哲学は今まで発達しなかったし、同じように断定的にものをいうことを嫌い、また普遍的概念で判断を要約し表現することを好まなかった。

しかし、奈良仏教には「因明（インミョウ）」という論理学があって、カントの二律背反の問題を論じていたのであるが、江戸時代になって単なる論争表現の技術に堕してしまい、推理の学としての論理学は国民性の非論理的性向によって作法に落ちついてしまったのであると、中村はいう。

さらに日本語は「直覚の表現、個性の感情的表現には非常に適している」が、「理知的・体系的な理論としては発達しないで、むしろ直観的・情緒的なかたちをとって表現されることが多い」という。

中村は続けて、「西洋人ははっきりと具体的に細かに明示する」のに対し、「日本人の……人間関係は、直観的にたよることが多い」。それは「日本人の学問のしかたはてっとりばやく結論を求め、実際的であった」からであり、特に「人間関係から切り離して事物を客観的に問題としようとしない態度は、おのずから、客観的な領域をそれ自体として考察しようとする思惟的態度を成立させせない」ことになる。「個別的・基本的なものと普遍的・個性的なものとの区別が直ちに意識される」ことは日本も西洋も同じだが、日本は「秩序ないし法則は、客観的な事物についてではなくて、人間関係に則して、把握されやすい傾きがある」。そのため、「人間の思惟を客観的・論理的方向に純化させるのではなくて、むしろ個性の表現記述の方向におしすすめた」と。「こういうわけで、日本人の思惟方法の適性として、客観的現実を直視して自己の生活を反省するという点において薄弱であった。日本人は実践的であり、行動的技術に関して卓越しているといわれているが、行動意欲の貫徹に急なるあまりに、実践の成立する客観的考察が不十分となる傾きがあった」、と。

これでは、理論的・体系的性格の強い西欧の法文化は日本文化にとって不向きといわざるをえない。従って西欧法の継受に当たっては、何らかの工夫（逃げ道？）が必要である。

読者にとって、その一部でも知りたいと願うのは当然で、結論の先取りをして〝逃げ道〟をいうならば、自然・風土に由来する「うつろいの文化」に基づいて自我意識が、融通することになり、成る文化に任せてコラボレーションするということになろう、というのが、筆者にとっては難問解決の良策と考えられる（後述）。

とすれば、「融通する自我意識」の視点から日本文化を考察・検討し、コラボレーションの方法・手続を考えることで法文化論の意義・目的に適うのではないかと筆者は考える。但し違憲の立法をすることに監視の目を光らせるのは国民の責務であることに留意せよといいたいのである（後述）。

(8)　筆者の提言はともかくとして、異文化受容の問題点を論じた著書の言を、小坂井敏晶（『異文化受容のパラドックス』）に聞くことにする。

とりあえず、明治以降、西洋文化の受容に当たって、日本文化の対応如何から話が始まる。

端的にいえば、西洋文化をマス・メディアが紹介するに当たり、個人相手ではなく、様々な集団に属する情報先駆者がふるいにかけて周囲を説得しながら個人に届けるという二段階説をとっているという。

その根拠は、異文化を受容するに当たって、もとの文化的文脈から解放し、日本の世界観との相互作用により変容をうけることを通して受容が容易になったことだ、と。この点、日本は外国に対してこれまで閉じていたものが開かれることになって、その受容に対しては脅威よりも興味をもち、当初は抑圧も感じなかったという。

西欧文化とのかかわりは、一七世紀のポルトガルによる出島、島原の乱後の幕末まで續くオランダの平戸による経験が外国文化移入に対する日本人の寛容が明治以後の継受の下地になっていたことは間違いないと筆者は思う。

人も知る明治の鹿鳴館時代、「融通する自我」は何につけ西洋の模倣を模範と感じていたことは御存知の通り。しかも西欧法の継受はコラボ文化の極まりであり、文字通りの融通無礙であった。

何と前述した〝近隣の誼み〟は昭和の新憲法下における出来事である。

そこでコラボの実状について記すところによれば、「日常性の世界に属するものは西洋化度が低く、非日常性の世界に属するものは西洋化度が高い」と。

身体に属する美意識は白人志向が支配的であるが、黒髪は例外であり、傳統的美意識に関するものについての西洋要素は異物との認識をもっていたと。

それにもかかわらず、日本人には白色人種が優越しているとの感覚が一般にあるが、しかし「日本人ほど忠実に古いものは保存しようという民族は他にない」(和辻哲郎)。そしてそれが表裏一体の関係にあるという不思議……。こうしてコラボレーションが無理なく行われているという。

そうすると、この日本文化の強力な「免疫システム」の正体は何かという疑問が生ずるが、マス・メディアから発せられた情報は先駆者がふるいにかけて周囲を説得しながら個人に届けるという二段階の流れがあるからだと著者はいう。理由は、日本社会の集団性にあり、「異物を吸収する位相と異人に同一化する位相が分離されることにより、異物がもとの文化的文脈から解放され、受け入れ側の世界観との相互作用によって変容をこうむることを通じて、異文化受容が容易になる」からだという。

筆者流に簡単にいえば、外国文化を受容するときは、自国文化に適合しうるような変容をさせて受け入れるということで、それができるのは外国との接触が間接的なため外国の現実とは違った意味を付与することができるからであり、「このような情報環境のおかげで外的要素は生のままでなく、無意識にもすでに受け手の価値観という濾過装置を通るがゆえに、受容が円滑に行われる」という。

判り易くいえば、日本は外国の支配を受けたことがなく、西洋文化の受容も強制的雰囲気のなかでなされたわけではなく、脅威や抑圧がほとんどなかったからこそ自発的に西洋化がなされたということであると……。

とすれば自我意識が強固であるとは到底考えられず、それも弱いというよりは柔軟と考える方が真っ当であろうと思う。筆者はそれを「融通する自我」、状況次第で変り得る自我と思いついたのである。伝統と異なるにせよ、魅力ある西洋文化は、それとコラボしたいという成り行き文化（成る文化）の基をつくりあげることになるのである。

考えてみよ。コラボ文化の初めは、日本語の音を中国漢字で記した「万葉仮名」に始まる文字国家の成立であり、〝ヤマト〟の成立を願って考えられたことだろう。〝憲法という文化〟も近代国家へという政治の成り行きで考えられたことで事は同じである。

しかし、法文化には他の日本文化と異なる点があるのに留意しなければならない場合があることに注意が必要である。なにしろ日本文化は一元的思考性があるのに法文化は二元的思考性をもつことが必須であるから、この難題をどうすり抜けたかに重々留意しなければならないのである。

そこで、日本社会の同質性による文化の凝集化は異文化に対しては大きな防波堤となろうから、その受容法が必要である。丸山眞男はいう、日本の思想には原理的座標軸がないから移入の過程で親和しうる独創的思想に座標軸をかえ変容することになるからである、と。つまり、文化の凝集化は防波堤としてよりも、伝統的文化に対する独創的発展への変容を促すことになると、筆者には解せられるわけである。〝自我意識の融通性による伝統的同質性の軸変化〟ということであろうか（後述）。

『現代社会学講座全一七巻』のなかに『日本文化の社会学（第一三巻）』があり、ここで紹介しておきたい。

濱口恵俊は「国際化のなかの日本文化」を論ずる。

欧米文化がどの社会にも通じる同質性をもっているという近代化理論に対し、各国の文化にはそれぞれの特性があるはずという相対主義的特殊論という二つの立場について、後者の立場にたちながら、日本文化が国際社会に対してどのように意味付けられるかを検討したのが本論である。

その方法論は、特定社会に固有な生活様式に関する価値観と、グローバルな社会のなかで他社会に導入しうる普遍的な価値観の二つの立場を考えることが「国際化の中の日本文化の基本的性格を明確化する」ことである、と。そのさい、「個体的自律」対「組織的結合（例・間人）」という西洋と日本に関する従来の分析枠組みは捨てて、人間生活の関係性からみた「にんげん」システムから考えたいという。

そうすれば、生活様式に関する固有な価値（文化）と社会生活の仕組みに関する普遍的な制度（文明）という設計図が描けるから、後者の効率化・高度化に伴って前者のパターンの修正がどう行われるかに関心がゆく。が、しかしながら前者・後者双方の相関のダイナミックスが日本においては複雑で、日本文化における普遍性が問題になってこよう。

そこで、この点につき文明を情報システムと社会システムに分けて考えると、情報システムが伝統的文化とうまく接合すれば国際化に対しても機能的に作用するのに対し、社会システムについては他の文明制度が導入されても社会文化に旨く適合しうるとは限らない。例えば、日本的経営法は相互信頼と話し合いによる「関係依存型」であるから、西洋の契約関係的「ルール依存型」は適合しないという例が出来(シュツタイ)する（根回し・談合が行われるの例）。

つまり、西欧起源の社会科学と日本文化との間のギャップにより、通文化性をもつ文明も受け入れられないという事態がおこるが、筆者が思うには、これまで日本文化は西洋文化を二律背反的価値観とみるのではなく共存しうるコラボ文化として処理してきたと考える。もっとも、そこでは通文化性に対するヤリクリによって生ずる矛盾には頓着しないという態度をとってきただろうと思う。

しかし、条約という通文化的契約の場合には、その国際法的内容が日本国憲法に反するという疑義が生じた場合は、どちらが優位にあるのかという難問が生じよう。この場合にこの疑義に頓着しない、コラボ文化としてすませるという訳にはゆかない憲法文化に関する重大問題であることは間違いない。が、その詳細は本著の最後に述べようと思う。

(9)　さて、二一世紀に入っても日本人論は盛んである。そのなかでグローバリゼーションに入っても東と西とで根本的に異なる思想について論じた、小坂国雄（『西洋の哲学・

東洋の思想』）について注目したい。著者は、世界観や人生観にかかわる文化は「一朝一夕」に変化するものでもなければ、同化するものでもない」。「こと文化に関しては、むしろローカリゼーションということの方が大切ではなかろうか」。「文化のモノトーン化や画一化は、文化の発展にとって、阻害要因の何ものでもない。世界の各々の民族が、それぞれの民族的伝統にもとづいた特色ある文化を保持し、それを発展的に継承していくことが、もっとも望ましいことではないかと思う」。「それが個人の内面をより豊かにし、より深みのあるものにする途ではないだろうか」と。

「東洋と西洋では、その世界観や人生観……自然観や人間観など、その基本的な思惟様式において顕著な相違が認められる」。それを「文化的類型の相違として明らかにしようと試みた」のが本論であり、積極的に文化の多様化と個性化の方向を論じたいという。その方法は、哲学の動機・自然観・実在観・人間観・歴史観・価値観などについて比較思想史的見地からの考察である。便宜上簡単に列記することにする。

思考様式の相違は文化類型の総意によるものであり、例えば「有」「無」の思考についていえば、西洋人は無を欠けているものと考えるが、日本人は一切の形の根源と考えるという違いがある。また西洋の哲学は世界の本質を理論的に解明しようとする「学」であり、他方、日本の「思想」は人生問題の解決を図ろうとする「教」であり、世界観と人生観の違いがあるといえる。

西洋哲学の根本問題は「実在」の探求にあり、実在界と超越的世界を考える二元論であるが、日本では現象の世界が実在の世界であるという「現象即実在」（仏教）の一元論である。仏教では煩悩即涅槃、穢土即浄土というように、一方は他方の心の反映に外ならないと考えるのである。

また形而上学でいえば、西洋では真実在は自然を超えたところにあると考えるのに対し、日本では、真実在を自己の最内奥に求めるという真実の自己が真実在という一体不二であり、穢土・浄土は心の反映であるという。つまりは、真実在は「絶対他者」という西洋に対し、日本の真実性は「絶対自者」であるという（「一切衆生悉有仏性」）。

総じていえば、西洋は、「現象と実在、現実と理想、個体と普遍」、あるいは「感覚界とメディア、神の国と地上の国、感性界と叡智界、自己と世界」、さらに「精神と物体、主観と客観、自己と神」というように分けて考える傾向が顕著であるのに対し、日本では「一切のものを一体にして不二なるものとして平等の立場から見ていこうとする傾向が顕著である」という。西田哲学の主観即客観の純粋経験や絶対的客観主義の立場では純粋経験こそ唯一の実在であり、精神と自然、意識と対象などは純粋経験の内部における差別相であると説く。

筆者はここで「絶対矛盾的自己同一」・「絶対弁証法」の観念を想い出した。

この哲学上の一元論は法文化をどう理解してゆくのか。法律嫌いで、コラボは不能……。この西洋と日本の違いについて、本著では、西洋の「有の思想」・日本の「無の思想」との対比として最後に論及されている。

田辺元の「絶対無即愛」、和辻哲郎の「空の弁証法」、久松真一の「東洋的無」、高橋里美の「包弁証法」などが、その例である。

一般読者にとっては大変難解であり説明は省略するが、法文化論からいえば、西洋は二元的思考（神との契約）の自我意識であるのに対し、日本の思想では一元的思考のそれであるということに注目してもらえばいい。つまり一元的思考の自我では法文化は理解し難いという点である。重ねていえば、法（律）は二元的思考の特徴をもつから、理屈の上からいえば日本人にとって法文化的思考は無理難題であるということになる。

一元的思考にとって二元的思考のコラボレーションはどう考えたらいいのか。

根回し・談合はコラボ法文化における当然の解答であったことが理解できよう。つまり、この独禁法違反は、むしろ日本の「和の精神」（といっても売主同士の）に叶うということもできる。

⑽　そこで、長谷川櫂『和の思想』を例にとりあげてみる。

「和」と書くようになったのは室町時代、それ以前は「倭」で中国は日本人を、「倭人」と呼んだ（中国に従う人の意味）。

外国人は体を触れあって親愛の情を示すが、日本人は体を触れ合わない。理由は高温多湿なため暑苦しいから体を触れ合うことはしない。

また日本人は何ごとにもこだわらないといわれるが、それは慎ましやかさが美徳と考えられているから、余り理屈はいわないし、短歌・俳句の短い詩が発達したのはそのためだという。

こうして「和の思想」とは、すべてを簡素化して異質なものを調和させ新たに創造する力を産みだす感じ方・考え方をつくりだすことになる。それが本稿でいう「コラボ文化」（伝統文化も捨てない）である。

しかし、重大な例外があると筆者もいいたい。神仏分離、そして廃仏毀釋である。万世一系（？）天皇家祖先神と外来系仏像を同列に扱うことなど到底認められぬことだったろう。何しろ言い分は「国家神道」である。にも拘らず、仁王門を随身門に代えたことは徹底したが、神社に三重塔が残され、神前で今も読経が唱えられる話が稀ではないなど、神仏混淆の痕跡を残す例は珍しいことではない。

ところで改めて「和」とは何かを考えてみる。

古くはピタゴラスが〝宇宙の秩序〟と捉えているが、その英・独訳はハーモニー、「建材の各部分がぴったりと接合していること」が語源である。ここから個と個を有機的にとらえようとするときに主張されるのが「和」であると考えられて、調和・一致・和合を意味するようになったという。

ただし、「ギリシャでは、全体の数学的な整然とした秩序か……日本思想においては個と個との心情的和合が強調された」といい、日欧間に思想上の相違があるというからには、筆者にとって法文化の理解にも再考の必要があることは当然ということになる。

「日本文化は雑種文化」といわれれば支離滅裂のままであるから、調和とか統合とかが生まれるのであって、そのプロセスに働く力が「自我意識」であり、その無礙な包容力によって非合理な現実主義が働くことになる（＝ならざるをえない）のである。しかも、それは当然のこととして行われるところに日本法文化の特質があるというわけである。即ち、法文化は理論的に整然たる体系でなければならないというのが西洋の常識であるが、日本の法文化では体系上不都合だとしても現実優先の感情的唱道に合わせて立法するという政治行動をとることを意に介しないのである（後述）。

第六節　感性と美意識

(1) 前節は「心理」、本節は「感性」と表題の区別をしたが、それらの訳語で区別しえない日本語がある。「心」である。この言葉は訳語のいずれに属するかは判然としないが、知識・感情・意志などの精神的働きのもとになる言葉と解せられるので、「心の文化」を論じた著作は本節でとりあげることにした。また美術・芸術なども同様の意味で本節で論ずることにする。

① 唐木順三は『日本人の心の歴史』㊤・㊦から入る。「はしがき」にいう。心とは感情・気持・情緒に深くかかわる言葉で、実践や生活でとらえられた精神に近い、と。とりあえず、日本人の心は古くから季節感に敏感な感受性をもって、時代に即した性格をつくりだしている。それを「心の歴史」として誌したい、と。

この観点から日本のルネッサンスといえば室町時代である。堺の豪商たち「納屋衆」による「茶道」の展開に、個人主義的な思想と行動の出現がみられると。それは中世の文化的仕上げ、近世の世俗化であるが、それが安土桃山時代の豪華絢爛な文化を生んだという。

他方で「わび茶」の出現によって剰を捨てたところはその反動であり、秀吉・利休の確執を生んだことは読者の知る通りである。

それにしても「わび茶」が余剰を捨てて、貧・微・淡彩を迸んだところに茶人の心体をみることができるといいたいが、家元制度が生まれて〈一七世紀ごろ〉、営利生活上の仕組みができあがると「わび茶」の精神は薄れ、高価な茶道具や軸物に興味が移って、「わび茶」の心髄は失われてくる。その結果は、和式作法訓練の場所に変わり、衣食住の西洋化に伴なって、特権階級のティー・パーティの場に変わりつつあると見るのは、筆者の僻(ヒガ)目(メ)であろうか。

そもそも「わび」・「さび」は個人の平常心の持ち方の問題であるなら、相手の当否を決定する関心は必要がない。つまり、一元的思考であり法文化の二元的思考にはそぐわない文化現象である。しかしながら、確かに受動的で没我性が強いが、平和志向の心象風景を描くにふさわしい心であるともいえる。

それはそれとして、これまで日本文化史で語られる話は当時の権力階級との関連史料からであり（近代まで文化は時の社会的権力をもつ特権階級がつくるものだから止むをえないか）、庶民の生活文化ではないことに留意したい。

唐木にいわせれば、江戸時代は「東洋的なものと西洋的なものとの葛藤と宥和の時代である」と。

まず、朱子学が文教政策の旨とされる。相国寺に住した禅僧藤原惺窩は釋・老・孔の合成であった宋代の儒学を文教政策にとり入れ、一三世紀から一四世紀前半にかけて、大應・大燈（大徳寺開祖）・関山（妙心寺開山）により禅宗がピークを迎えると、五山の僧は詩文に興じ、禅の偈、孔老の書、唐宋の詩文を学識の源とした。

儒学は合理主義に立脚する哲学体系であり、わが国で合理的哲学が論ぜられた画期的時期であったという。

京都の臨済宗寺院でこういう学問が学ばれた理由について、筆者が考えたのは、〝公案による看話禅（カンナゼン）〟という個人のさとりだけを願っていたのでは自己中心の佛法にすぎない。人の世に対する倫理をも伝えなければとの自覚をおぼえて社会に生きる人の法についての教えを説くことを自覚したのが朱子学であったと推測している。

説かれたのは、仁義禮智信・君臣父子夫婦長幼朋友に関する秩序であったというから、幕府の基本諸法の制定によって完成された警察国家の仕組みが説明できることになる。「法の支配」の原則は、もちろん知るはずもないが、法文化論史からみれば、画期的な事実として記憶にとどめるべきか。また明治時代に入ってヨーロッパ法の研究に目覚めることになるのに抵抗を感じなかったことも理解できるというものか。

そうはいうものの、日本的なものと西洋的なものとの間で葛藤を経験した夏目漱石の滞欧時における思想生活上の苦悩、即ち日本の人間関係の倫理と西欧の個人主義の倫理とをどのように調和させればいいかという問題に苦しんだ漱石のことは知る人ぞ知る逸話であろう。

和辻哲郎によれば、日本人ほど古いものを忠実に保存する民族はいないという。釋迦・孔子・ソクラテス・キリストは、等しく「人類の教師」となり、そこに信仰の葛藤はないという。これではマルチ・コラボ文化の多神教だ。

相良亨の『心の歴史』は「交わりの心」・「対峙する精神」・「純粋性の追求」・「道理の風化」・「あきらめと覚悟」・「死と生」・「おのずから」の八章立てである。「交わりの心」は「人間関係重視の心」の話。儒教・仏教・（道元・親鸞）が語られ、無常観を越えたよりどころに人間重視があると。

「対峙する精神」は武士の倫理観であり、その独立性が説明されている。従って敵・味方の二元論は当然とされ、西欧の個人思想に近いといえるが、寛容の発想により宗教戦争はおこっていない。自己の絶対化をたしなめ、生けるものすべてに尊重敬意の念を抱くという思想をもっていたからだという。これでは西欧と異なり法的文化からは程遠いというほかはないだろう（筆者）。

「純粋性の追求」は「心情の純粋性、無私性の追求」だといい、「客観的な理法・規範を追求する姿の未成熟」だという。ここでは神秘信仰を中心にみており、その通りであるが、社会に対しては現世利益が喧傳されている……。

「道理の風化」において、道理は人間にとって主観的にのみ捉えうるものであって、社会生活における人々の共通のよりどころとはなりえないと相良は評する。また「日本人には、時空を超える普遍的・客観的規範意識がない」ともいう。これでは「『あきらめ』と『覚悟』において捉える」ことになる」とも（万葉集・本居宣長などを引用）。

筆者の「世間」観とは大いに異なるが、讀者の判定はいかが……。

「死と生」についての日欧間の差は大きい。日本人には魂の信仰があり、死後の世界に安らぎがあるから大騒ぎしないのに対して、ヨーロッパでは原罪ゆえにうける死という観念がキリスト教にある。ここでは日本人の生き方が、神中心でも人間中心でもなく、自然中心と考えられており（草木国土悉皆成仏）、幽に帰する死について〝輪廻(リンネ)〟と感じて案外に淡白だという。

「おのずから」といえば、ヨーロッパの「造る文化」に対する日本の「成る文化」を指すことになる。キリスト教が宇宙は神によって創造されたという論理に対して、日本神話には「おのころじま」の話があるだけで、むしろ「自然的生成の観念」が中核で秩序の観念はない。

　習俗への随順という自然法的自由観が日本文化の伝統であるというのは西田幾多郎も同様である（『善の研究』）。とすれば前近代的習俗（道理）の下における自由と近代法治主義の下での自由とのコラボレーションこそ、日本法文化論の基層にあるものといえるのではないか。そうだとしても、相良の説く「日本人の心」は、「法という文化」には程遠いと筆者には思える。

(2)　日本人感性の特有なものとして、〝いき〟〝わび〟〝さび〟〝幽玄〟〝みやび〟が、これまで多くの研究者によって説かれている。

①　九鬼周造『「いき」の構造』は昔から名の知られた著作であるから紹介の必要はな

いかも知れないが、簡単に……。

「いき」の構造を論理的に考察すれば、「内包的」・「外延的」＝構造、自然的・芸術的＝表現として説明しうる、と。

内包的構造とは、いわゆる〝色気〟のこと、異性との交渉に関する話で、日本では〝なまめかし〟とか、〝色っぽい〟とか、秘めたるさまをいうが、ヨーロッパでは外見を気にしない〝あからさま〟な様相をとった媚態で、垢抜けした流行に従う外見的様相ほどの意味であろうか。

また日本では「意気」で、「いなせ」「伝法」に共通する気品であり、異性との交渉に関する話だが、ヨーロッパには該当する言葉はないはず……。

ついで、現実に対する恬淡無礙の心をいい、無常を差別する形式と考えた運命に対する静観を教える宗教的人生観が背景にある。これではヨーロッパにあるわけはない。コラボレーションは不可能で、そのためこの伝統文化は現代日常生活では半死語になっていると考えざるをえない。

② 望月信成『わびの芸術』と数江敬一の『わび』の話に入る。「わび」といえば、「侘茶」（一七世紀）・「侘住（い）」（一八世紀）を思う。しかしすでに万葉集「和備」とあり、

「わびしく思う」というほどの意味であったが、現代に通じる使われ方としては、利休の始めた「わび茶」を思うはずで傳統文化の用語でもあろう。

ただし「侘住い」は〝質素にひっそりと暮らす〟の意味で、良寛の五合庵を筆者は想いだす。つまり死語である。

とすれば「わび茶」の現代的意味は（?）……。家元制度の下で、茶室を構え、高価な軸・茶器などを鑑賞する作法のどこが「わび」なのか。茶道教室における御師匠さんに謝礼を納める弟子の心に、いかなる「わび」を感じさせているかを聞いてみたいと筆者は思う。

いずれにしても「侘び」は法文化とは無縁の言葉であろうが、読者用に一点つけ加えておきたいことがある。それは茶道はもちろん、書道・華道など一般に〝お稽古ごと〟といわれていることに払う月謝あるいは稽古料がある。即ち、師匠が決める一方的な契約で附合契約といわれるものである。そういう法律行為を行っていると知って月謝・稽古料を払っている読者はいないのではなかろうか。

「わび」に似た日本語に「さび」がある。復本一郎『さび――俊成より芭蕉への展開』について一見。

「さびとは我執を離脱して一切とつながる大きな静けさの姿」(山口諭助)を意味するというから、法文化論は、いうならばその対極にあるものを論ずるということになろう。和歌・連歌・茶にも求められる美であり、その発見者は俊成。表現からにじみ出る余情の美しさを指していると解しており、「わび」とは異なる(さび茶とはいわない)心情であろう。

感性とか美意識とかいう伝統文化は心情・感情に関するものであるから、理論的文化である西洋の法文化とは異次元のものであることは当然。しかし、それが法律関係に係わる問題の場合、日本の法文化にどんな影響を与えているかの研究はない(コラボレーションが必要な場合はあるはずと思うのだが ―― 前述の附合契約について如何?)。

恐らく「世の中は理屈通りにはいかない」という市民感情から考えて、問題が法文化に係わる場合は法的思考を抜きにしているのではなかろうかと筆者は推測しているが……。

これも美意識との関係の文化論に「幽玄美」という重要な美意識があることを付け加えておこう。「もののあわれ」といえば理解が容易か。

第六節　感性と美意識

ものの序でに西洋の芸術思想と比較してみよう。簡単な言葉でいえば、日常的効用に関係なく「美的実存」と捉えられる存在の真理にかかわるもので、作品と芸術家は不可分離であるのが西洋芸術。対して日本芸術は、世阿弥のいう「絶言語、不二妙体」という超越的存在の表現であり、実存的な弁証法的思惟の発展したもの（草薙正雄『幽玄美の美学』）というから、なかなか難解である。

筆者の素朴な感想を絵画でいえば、西洋画には寫実的人物画が多く、日本画には主観的風景画が多くあって、そこに意味深長な抽象化が加えられているという点で全く異なるということである。法文化論との関係から敢えていえば、西洋画は具体的人間関係に関心が注がれているのに対し、日本画の場合は画題の実写をこえて心象に感じた対象の本質を表現することに集中しているといえる。

いうなれば、日本の文化的現実は具象的な「自然」も超越的存在を示す象徴となっているというわけか……。

重ねていえば、「美」の研究は感性による追求であるから、理論的ヤリトリで二元的法文化の埒外にあるのが原則となろう。従って、美学に属する観念はどんな表現の場合も一元的思考からうまれており法文化とコラボレーションする機縁はないはずである。

(3) まず山本正男『感性の論理』にそれを尋ねてみよう。

感性の論理構造には、自然中心的か人間中心的か、感動的か直観的か、形象的か理念的かといった動的契機の三種があるという。

比較文化論的にみれば、前者が日本なのに対し、後者はヨーロッパ的であり、敢えていえば、前者は自己中心であり、後者は観るものに訴えることに重きをおいているといっていいだろうと、筆者は思う（一元的思考か二元的思考か）。

著者はこのあと、日本について自然中心主義、唯美主義、精神的生の形式（自然と人類を貫く法則）について語っているが、筆者の比較論が妥当かどうかは読者の判断に任せよう。

前著は西洋包丁で日本料理をつくるということになるといっていい。和包丁でつくればどうなるかを論じたのは、佐々木健一の『日本的感性』である。法文化とどう馴染むかに目をつけたいが、予測はむしろ正反対の証明になるだろうから、それはそれで日本法文化に関する宿題としての問題提起になるだろう。

結論は、はっきりと日欧比較論を提示している。即ち、西洋の感性は主観が対象に向かい合うという構図であるのに対し、日本的精神は本質的に感性的であると。相対的西洋に対する感性的日本の構図である。飛躍しすぎた結論を書いてしまったが、多元的感性に対する一元的感性といえば、比較法文化的に結びつこう（読者には難解か）。芸術に向きあう姿勢が現実的か抽象的かという違いであるといえば判り易いだろうから、絵画の鑑賞法でいえば遠景・中景・近景と現実を明確に認識しうる西洋に対し（遠近法）、日本は近景を支えに遠景をみるという感性的認識法に規定されているといえば一層判り易いかもしれない。

またいう。西洋は「世界に対して距離をとり、明晰判明な像を結ぼうとする」のに対し、「日本的感性は直接の接触感を求める」と。理論的対感性的の違いであるから、この比較文化論から考えて、コラボ法文化の成立は至難の業としかいいようがない。

そこで考えられるのは、グローバルな法文化に関する問題の処理に対しては日本文化にみる「自我」を変化させて（〝自我の融通〟）対応するという手法である。「融通する自我」による処理は、変化の激しい自然によって培われた〝得意わざ〟となっているからである（〝日本宗教〟によって理論化されている点について後述）。「察する文化」が「融通する自我」によるものであることは察しがつこうが、法文化に向けられたときには問題が生ずることは読者も気付いていると思う。この点も後述に譲りたい。

(4)　美術の話がでたから、次は音楽・舞台芸術と進めたいが、それが法文化とどう関係するのかという疑問が読者にはでてこよう。

筆者が考える問題は、それらについて一元的思考の芸術か多元的思考かの論点が気になるわけである。多元的の場合、相手との関係のあり方が論理的かどうかによって法文化になじむ可否が論ぜられるからである。

記録に残る古い音楽についていえば、御神楽（オカグラ）が鎮魂神事として宮廷で行われたのが六八五年、それが民間神事として近世以降に行われたのが里神楽（サトカグラ）で、散楽・田楽の要素を吸収して発展した。しかし江戸時代になると、歌舞伎が人気を呼び、これらの伝統音楽は火が消えたようになる。

それでも、筆者には昭和十年代に東京の下町（台東区）の下谷神社で可成りの見物人が集まる里神楽をみた記憶がある。

そこで伝統音楽の豊かなこと、名前だけでも記しておこう。

催馬楽（サイバラ）（宮廷芸能）、猿楽（御神楽の余興）、伎楽（仮面舞曲）、雅楽（『大宝令』の雅楽寮。明治に入って太政官雅楽局↓戦後は宮内庁楽部）などがある。仏教音楽に声明（ショウミョウ）があることは庶民には現在でも余り知られていない。

室町時代に成立した能楽は現在でも広く知られている。能は音・しぐさ・舞からなる芸である。音楽といえど音符でとらえられず楽譜に書くことはできないという難物。しかし現代も行われている伝統芸能であるから一言。

舞と歌の二道と指示した世阿弥によって抽象化した演技と謡・囃子を融合した演劇である。狂言とともに、明治以降、能は能楽といわれるようになり、声楽は謡曲ともいわれる。

一九五七年に国の重要無形文化財となり、二〇〇八年には無形文化遺産に登録された。西洋音楽とはコラボできない珍しい伝統音楽である。一般庶民に対する芸術というより、現代の関心は高度な知識のある趣味人に限定されており、二元的発想の起源はもっていない（法文化には無関心?）。

現代における日本代表の音楽は箏曲と三味線であり、お琴は上流子女、三味線は町家で使われたという経緯をもっている。

が、近年は西洋音楽の楽器とのコラボレーションが盛んに行われている。これなどはコラボ文化の見本といっていいだろう。聴衆が相手であるが、一方的で法のような二元ではない（ただし、五線譜にのる音楽は意外に古く、薩長が幕府を倒すため進軍したときの唄「宮さん宮さん……」は慶應三年（一八六七年）である）。

現代の歌謡曲は日本の庶民向きに別れ・涙など、悲しい感情を聴衆に訴えるということでいえば日本的舞台芸能の代表例であろうが、対抗的・理論的な法文化の特質からみれば

第六節　感性と美意識

真逆（?）。

昭和二九年だと思うが、カラヤンがベルリン・フィルをひきいて来日公演を日比谷公会堂（これしかない）で演奏した。筆者は入場券入手のため、省線の始発にのって、公会堂傍の日本放送協会で長蛇の列に並んだ記憶がある。当時における日本のオーケストラは近衛秀麿率いる新交響楽団だけである。前年（?）の演奏を耳にしていた筆者にとって、カラヤンの演奏は圧倒的迫力をもって襲いかかってきたとしかいいようがなかった。

そして、これを契機に欧米の大物指揮者の来日公演が始まることになる。ベーム、ショルティ……、そしてデュトワによるN響の常任指揮・音楽監督としてクラシック音楽の普及が行われた。こういう経緯をへて現在、西欧クラシック音楽の演奏記事は、毎日の新聞広告欄を賑わしていることは読者の知る通りである。ことはポピュラー音楽についても同様であり、コラボレーションの余地はないくらい流行歌と共に、西洋音楽の花盛りである。

こういう現状では邦楽のさびれは聴くも耳に痛い。長唄・義太夫・常磐津・清元・新内・小唄・端唄と並べれば、その区別を理解できる読者はどれほどいようか。

しかしながら、こうはいかないのが歌舞伎である。義太夫あり・踊りあり・芝居ありでは西洋のオペラとバレエの合作と同じ舞台芸術となる。この伝統芸能は現代において盛んになりこそすれ、衰えるどころの騒ぎではない。かねて加えて、オペラやバレエも日本人による作品もあれば、劇化は勿論日々の新聞広告欄を賑わせている現状があるが、悲劇に代表される感情的な作品が多く、理屈っぽい芝居はほとんどない。

歌舞伎にみる演者の見得に対するお客の屋号の掛け声も自我はなく反射的発声にすぎないだろうから、二元的発想は生まれない。どう考えても法文化とは縁がない心身一体の舞台芸能である。

詳しく知りたい人は、拙著『法文化論序説(上)』五三一頁以下をみていただきたい。バレエやオペラとの比較も論じている。

(5)　これまでヨーロッパ法文化が導入されたとき、日本の伝統文化がそれをどこまで受容できたのかについてみてきた。が、こたえはノーといわざるをえなかった。

あらためていえば、ヨーロッパ法文化の基礎にはローマ以来の法文化が確固たる自我意識に根付いており、それを継受した日本文化にもそうした自我による理論化が必要であるのに、これまでみた社会意識論にその気配はなかったといえよう。

それは何故か。日本では度重なる地震・津波・洪水・火山噴火などの人智を超えた自然災害に振り回され、自我意識をしっかりと持てなくて、時宜に応ずる不確実なもの、すなわち「融通する自我意識」が常態となったことが日本文化の特長となっていたことがわかる。

加えて、長い封建時代のなかで、領主の交代が行われれば領民に対するルールの変更があって自我意識は他律的となり、自我意識の融通は当然のことであったろう（西欧か異なる点は後述）。

しかも法文化の基礎には本人と争う相手との二元的思考の自我の存在が前提になければならず、加えて双方の間で理論的闘争によって白黒をつけねばならないという関係の存在が必要である。つまり自我の発信において自律的な理屈が必要であるから、自ら文化の基層には感性よりも理論好みの性格をもつことが要求されるというわけである。

ここで日本の伝統的法文化に立ち返ろう。「社会あるところ法あり」といわれるから日本の例外ではない。日本法制史によれば『憲法一七条』に始まって、律令・格式・式目・法度などが時代の統治法として存在した。権力者によるいわば公法であるから被統治者との関係では二元的である。が、統治を理屈に代えて権力的に解決していた。しかし、いわゆる〝大岡裁き〟は道理を理屈に代えて双方を満足させる二元的発想を巧妙に用いて人気を博したということである。今はやりの忖度（「察する心」）であろう。

そう考えれば「大岡裁き」を時代劇としてみるだけでなく、その道理を現代に生かすことを考えることが、コラボ法文化の今後の仕事と考えるべきであろう（?:）。そうすれば、日本の法文化は「徳治主義」か「法治主義」かの論争も無意味となり、〝日本人の法律嫌い〟は不問に付すことになるのではなかろうか（法律嫌いの典型的事例は『軽犯罪法』である）。

第三章　ヨーロッパ「法文化」の表層

本章ではヨーロッパ法文化の実相を観察して、日本が受容した法文化が伝統文化とどう齟齬を来しているかを論じてみたい。

第一節　ヨーロッパの都市

ヨーロッパの観光都市三傑といえば、いうまでもなくローマ・パリ・ロンドンであろう。とりあえず、筆者がここで論じたいのは、華の都パリの都市美である。

(1)　都市の淵源は紀元三世紀ごろにシテ島にパリシイ人が住みつき、ローマ人によってルテチアとよばれ、ローマ人の支配下にあった。セーヌ川が東から西に流れる川中島のシテ島がパリの発祥地である。

といえば、いわば古い古都である。その美観は……。

まず西から。シャイヨ宮のテラスから眺めるエッフェル塔、シャン・ド・マルス公園の眺望。夜景になるが、リボリ通りのホテルのテラスから眺める夜光に照らしだされた右からの凱旋門・シャイヨ宮・エッフェル塔・プチパレー・金色に輝くアンパリレッド・国会議事堂・オルセー美術館の列が左へ続き、加えてセーヌ川を往き来する観光船が放つ青色の光が帯状に拡がる夜景の移動は、時を忘れて眺め続けることになる。

さらに、モンマルトルの丘の上、サクレ＝クール聖堂前の広場から眺めるパリ旧市街の美しさ、みえる高層ビルはモンパルナスの一塔のみという景観は条例による都市形成の努力の結果である。

第二次大戦中にパリの崩壊を避けるため、フランス人は市街戦を放棄してドイツ軍に降ったという。

日本は一億総決起と称して本土決戦まで考えていたというから、この大層な違いは文化の違いという外はない。

即ち、フランスは極めて合理的であるのに対し、日本は感情的であるという文化の違いと考えていいだろう。この合理・非合理の相違を考えれば、現代日本の都市形成の無分別さも理解できるというものである。

(2)　ヨーロッパの歴史的都市に共通な点は、中世の城壁に囲まれていた全体を現在は〝旧市街〟といわれていること。石造りの家が隙間なく並んでおり、その街区の外に旧市街を囲んで新市街が造成されているという形になっているものが多い。現在、規模の大きい街では城壁は取り払われているのがほとんどで観光客も判別しがたいかも知れないが。城郭都市の場合、当時では城門の外で商売が行われて、それが〝外市〟（フォブール）となり、やがて城内に取込まれるという歴史を辿っているので、現在一般的に旧市街と新市街の区別はつきにくいが、城門を残していれば（歴史的建造物として残していることが多く観光の目玉商品になっている）、その区別は誰にでも認識可能である。

しかし、以下の都市では、むしろ城壁をうりものにしている場合が多く、それが観光にとっての目玉、つまり〝中世都市〟の看板になっているというわけである。例えば、よく知られているフランスのカルカソンヌは〝観光都市〟の見本といわれ、また、知られていないがイングランドのヨークやチェスターはみごとな大聖堂を眺めながらの城壁をもっており一見の価値がある。

取り壊しのみごとな例はウィーン、城壁の跡はリンク・ストラーセとして市電の線路が敷かれて電車が走っており、カメラのよき被写体になっている。

またドイツのロマンチック街道はドイツの観光名所であり、中世の宝石とたたえられもする。なかでもローテンブルクはその見本であり、読者に説明の必要はないと思う。加えてディンケルスビールは戦禍を受けることなく中世の姿を完全な形で残しているし、ネルトリンゲンは巨大隕石跡につくられた円形盆地の城塞都市である。

城壁はもちろん中世における戦争用であるが、日本の天守閣中心の城郭（例外は朝倉氏の一乗谷城）に較べて西欧では街全体を囲んでいるという違いがある。すべてとはいわないまでも、城郭都市には市民自治が行われていた例も多いという。

さきのローテンブルクの刑事博物館にある資料では、拷問の道具が揃って展示してあり、大きな酒樽は酒乱で酔い潰れた人間に対して市民が酒樽のなかに入れて街中を歩かせたという記事を読んだ記憶がある。

全市民で町を守るための城郭都市である西ヨーロッパ都市に対して、領主のためだけの日本の城郭との違い（唯一の例外は織田信長の安土城）、そこに自治の萌芽と統治・支配の差をみてとれるといったら見込み違いと歴史家に批判されるだろうか。

(3)　さらに、旧市街の町並に対する保存意欲の欧日の違いの最たる点は鉄道敷設にみられる。日本が鉄道の起点を便宜に従って市内のなかにおくのに対し、ヨーロッパでは都市部の郊外に駅舎を設けることがほとんど例になっている。線路による街の分断をさけるためと思われるが、筆者が経験した都市から遠いフランス鉄道駅のビックリ例を報告する。

いずれもフランス（!!）。

まずはラン（Laon）、駅をおりたら、駅前は大きな広場。バスやタクシー乗場もなく、駅前に小さな雑貨屋が一件だけ、何キロか南の丘にランらしい町がみえる。さてどうしようかと考えて店の主人に聞いたら、「ポムに乗りな」といわれたが、ポムとは何だか判らない。指先で教えてくれたほうに子供が遊んでいたので聞いたら、子供は「小さい箱に金を入れてボタンを押せ」という。

そうしたら、四、五人乗りのモノ・レールらしい鉄路の上をおりてきた箱にみえるような車である。子供に教えられて、箱車のなかについているボタンを押すと、上に向かって独りで走り出した。数分でついた処が城壁の横である。

目指すノートルダム大聖堂が左手にみえた。

傘も開けない細い路地を一分も歩くと聖堂の前に出る。ロマネスクとゴシックの塔の混合作品で名が知られており、これが目的。しかし扉は開かず、その前景にしばしみとれる。

西側の丘に細く中世の街が伸びて、〝御伽(オトギ)〟の街にきた感じである（!!）。

次いでボーヴェ。一風変わったカテドラルがあり、天井の高さ四八メートルでゴシック聖堂の最高の高さを誇っていたが、高すぎたことが原因で崩れおち、現在は身廊がなく全体の半分の長さで活動するという珍しい話を読んで訪ねた街である。町自身の歴史は二〇〇〇年あり、「百年戦争」ではブルゴーニュ軍が相手だった。

パリから一時間、列車を降りたが駅舎はなく（記憶違いか）、道路に面してカフェがある。駅前通りを右折して、小教会を過ぎたら大広場が拡がり市役所が目に入ったという次第。先に進むと、奥行の半分しかない大聖堂があった。ローマ時代からの市街地として駅前は簡素すぎるという例になるだろう。

パリから特急で二時間強、レンヌはモン・サン・ミッシェルに一番近い中世の大都市であり、ここを出発点に決めた。レンヌの駅前にはタクシー乗場もバス停もなかったのは、これまでの例と同じである。さいわいホテルの位置は事前にきいていたので、そこまで歩くことにした。駅前を左に歩くと工場の一角があり、そこからまた一〇分、北に向かうとホテルがみえてきたが、周辺に建物がマバラであるという状態は、これまでの例で、市街地は全く見当がつかない状態である。

午後、車で向かったのは、サン・マロである。大戦で壊滅した街の完全復興をなしとげた街ときいたからである。

車で十分ぐらいだったと思う。やっとレンヌの繁華街に入る。目的の大聖堂は修理中であったので通過……。サン・マロに入る。

海岸ピッタリにつくられた街は四角の城壁に囲まれた中世における海賊の町である。ちょうど引潮の時間で、門の前数十メートル下にみえる海岸には数人の海水浴客がみえた。それが二時間かそこら経って、帰るときに覗いてみたら高潮で砂浜はなく汐は満ちていた。

街は大戦により潰滅に近かったというが、古地図をもとに完全に復元し中世の俤を呈していた。といっても、建物自体の新しさは感ぜざるをえなかったが……。

戦災後の復興について、ヨーロッパでは何故にこうも中世にこだわるのだろう。日本ではこんな考えはでてこない……。

あらためて文化観の違いに気付かざるをえないところである。

(4)　そう考えると、観光客ならだれでも気付く典型的な違いは、街にみる広場の存在である。ブリュッセルのグラン・プラス、ヴェネツィアのサン・マルコは超有名だが、それはそれとして、イタリアの横長の丘の上の街、アッシジでさえ古代建築を控えた噴水のあるコムーネ広場がある。

中世の広場は領民に対する領主の法施行布告のためであったが、近代以後は領民用に解放され、祭広場や市場に使われるようになったことは観光客にも便利至極である。

この〝広場〟の発想は明治になって日本に入ったが、結果は公園に変化した（日比谷公園）ことは知る人ぞ知るであろう。

ヨーロッパの場合は街の景観美の保持に頑固な一面をみてとれるが、日本では花本位の自然重視に変化したということから自我意識の相違をみてとれる話ではなかろうか。例えば、その頑固さはイングランドの場合、中世住宅が現代文化に対して改造が必要になった街では、通りに面した表（おもて）外観はそのままに、奥の部屋の改造にとどめるという話を読んだことがある。

第二節　都市の成立

(1)　都市と都会

国語辞典によれば、都市と都会の違いはなく、和英辞典にも双方ともシティとある。しかし、歴史的に考えれば、都会は八世紀には使われているのに対し、都市は明治の市政町村制以後のことであり、双方は異なる。

そこで専門家の木岡伸夫（『風土の論理』）に、この違いを論じてもらうことにしよう。彼はいう。

都市は一定の区画をもつ人口密集地であるのに対し、区画を考えない人口密集地が都会であるといえば、都市は西欧の区画ある密集地であり、都会は区画のみえない日本の密集地ということになる。城郭都市といえば前者の典型例であり、後者との区別が明らかになろう。

今でも列車の旅でパリでもロンドンでも発車して二〇分（？）もたてば、原野の風景である。対して日本では、都会の中央駅をでて一時間たっても都会が続き、市名が変っているという具合で街の境界はない。草花にうるさい日本で都会の景観については理屈をいわないのは都市景観に無頓着ということであろう。景観は法文化とは考えないということである。何でなら景観という感覚的観念は理論文化として考えられないから……（？）。

考えられるのは、ヨーロッパ文化の基礎における自由な個人のつながりは頑なな個人に任せ全体を考えてもらう自我意識にある、つまり〝頑なな自我意識〟が景観美をつくりだしたということであろう。

そこでそういう自我意識をつくりだしたパリの歴史を辿ってみたい。そのさい、西ヨーロッパに共通する文化現象という点に留意しながら……。

パリはイル＝ド＝フランスの中心、地勢上〝パリの盆地〟の真中にある。ただ都市形成を考えると、パリ以前にサンス、ランス、シャルトルが先んじている。首都になったのは五〇八年メロヴィングのクロヴィス一世によるが、その後も首都の地位を一貫して保っていたわけではない。

そこでパリの城壁史をみてみよう。

まず、ローマ時代の三世紀ごろ古代名ルテチアでは蛮族の侵攻をうけてセーヌ川のシテ島の周囲に城壁が築かれている（第一期）。

本格的城壁は、フィリップ・オーギュストの命によって六世紀から一〇世紀にかけて強力な城壁がつくられた。セーヌの上流部に樫の木の堤が、下流部にルーヴルの城壁とネール塔が築かれた（第二期）。フォーブール・サン＝ジェルマンは貴族による郊外地（外市）として重要だったためである（第二期）。

パリは古くからセーヌの左岸から発展していった街だったが、右岸にも発展したのは一四世紀末にシャルル五世が右岸にもバスチーユに新たな城壁を造営し東側を固めたから。パリの市域は四〇〇ヘクタール、人口は一五万を越えたという（第三期）。

一六世紀になると、旧教同盟の乱・宗教戦争・アンリ＝ド＝ナヴァールとパリ攻撃が相次いでおこる。しかしパリはシャルル九世、ルイ一三世が西の城壁を拡張してルーヴル宮を城壁のなかに収めた。現在の有名な高級衣料店が並ぶ通りの名はフォーブール・サン＝トノレであるから、その名の如くこのときセーヌ右岸の「外市」となったのだろう（第四期）。

絶対王制下ではヴェルサイユに宮廷がおかれ、住民も五〇万近くになる。サン・ドニ門、サン・マルタン門がこのときに誕生した。田園地帯は遠ざかって物品入市税の徴収がはかどらなくなったため、その徴収を目的に新しい市壁を築いたが、パリ市民の不評を買った（第五期）。

余談になるが、サン・ドニは現在では雑貨屋ばかりの通りが数百メートルにわたって並んでいたのをみたときは、「こんなパリもあるんだ、これでは浅草の仲見世のよう」と一驚したことが記憶に残っている。

さらにフランス革命は大邸宅を細分化したため、新たな建造活動もしぼんでしまい、第一帝政下では人口の過密と生活物資の調達は困難となる。入市税徴収のための役所がふえるのは当然で、シャルトル、ラ・ヴィレット、トロール、アンフェールに入市税徴収所が新たに置かれ城壁は一段と拡がった（第六期）。

パリにはガス灯がともり、大規模産業・鉄道の経済発展があり、モンマルトルやベルヴィルなど市周辺の郊外が発展すると、チェールはこれらを取り巻く城壁をつくり、大砲の射程を考えて一六の独立した堡塁を配置した。この城壁は一八五四年以降の首都パリの公式境界線となり、七八〇〇ヘクタールの城壁内に二〇区がつくられ、人も知るオースマン（セーヌマン知事）によって近代的整備が行われた。一八四六年の人口一〇五万、一八六八年の人口は一八〇万となる……。

その後は第三共和政下に地下鉄を導入しチェールの城壁は取り壊され、一九二五年から一九三〇年にかけてパリ市の境界が最終的に決まり、ブーローニュとヴァンセンヌの森を抱えた狭い円形の土地にきまった。一万五四〇ヘクタール、住民二七〇万（一九四五年）である。しかし設備の不足と混乱を是正するため、都市整備の基本計画が実施に移されることになる。

その変貌について一言しておこう。

パリの建築文化財の保護活動はアンドレ・マルロを中心とする人々の尽力によって、建物正面の化粧直し、マレ地区の保存、古い家屋の修得がなされ、都市計画の専門家がパリ市外周大通り、高速道路と鉄道、ポンピドー・センタに加えて、デ・ファンスなどの新しい高層建築街などをつくり上げた。さらにオルセ駅改修による美術館、ルーヴル美術館の拡張、バスチーユ広場の新オペラ座などが生まれた。緑地帯の改修と増設はいうまでもない。

さらに注目すべきは中世の同業組合が地区に集団をつくり住んだことが、今なおほそれぞれの街区に残されていることであろう。オデオン座周辺の出版・書籍商のほか、高級家具製造業、衣類卸売商、骨董商、美術商、楽器製造業、宝飾商などがある。

パリの都市美を評するときは〝パリの景観〟である。対して日本の場合は〝東京の風景〟ではなかろうか（いかにも野暮ったい……）。

どうして、こんな違いが生まれるのであろう。

筆者の論では、ヨーロッパ人の〝頑固な自我〟が合理的に考えた結果であるのに対し（造る文化）、日本人の自我は融通しそのときの状況に合わせた「成る文化」であることはもはや読者にも想定可能であろう。

そこで〝頑なな自我〟がヨーロッパでつくられた歴史的事由について考えてみることにする。

(2) 古代都市から中世都市へ

ギリシアやローマの西欧古代では「都市国家」あるいは「都市共同体」などといわれて、市民がアゴラやフォーラム（つまり広場）で自分の権利を主張し、中世では「都市の空気は自由にする」（一年と一日を市壁内で生活した農民は権利として自由を享有するの意味）といわれ、都市と自治とは不可分であり、「市民」という観念が生まれていた。

略説すればこうなると、本節では、このことを少し詳しく辿ってみたい。

まず、古くなるが紀元前九世紀末には貿易と略奪によって階級社会ができた。都市には中心が城とアゴラの二つがあり、政体は王制・寡頭制・専制君主制のいずれであろうと、都市を要衝として要塞として建てられ、防壁をもち攻撃の的となった。

しかしアテネでは、紀元前四三〇年ごろ基本法を制定し、前三五〇年の条例には市場・街路の警備や公衆秩序の保持に関する規定をもっており、都市計画法の先駆者になったといわれる。いうなれば、西欧都市の原像は古代ギリシア時代にできたというわけである。

他方、古代ローマの統一国家がつくられたのは紀元前二八七年ごろ、古代の最強国となったのが紀元前二六四年から一三三年にかけてであり、最大規模は紀元後四一年で、人口一三〇万（自由民九五万・奴隷三五万）である。さらに紀元後三五六年の記録によれば、一般大衆の共同住宅が四万六、六〇二ヶ所に対し貴族の宮殿は一、七八〇であった。

こうした奴隷制度は彼等の自我意識を刺戟して、たびたびの反乱をひきおこしている

（最初の例は前一八七年）ことは映画のテーマによって知る人は多かろう。スパルタクスの反乱が平民派政治家カエサルを生んだことは知る人ぞ知るほどの常識である。

ここで西ヨーロッパの古代都市について、その名著を簡単にみておこう（F・クーランジュ『古代都市』（一八六四年）田辺貞之助・一九六一年訳）。

ローマの小社会の始まりは家族制度である（当たり前？・）。が、共通の祭祀を営むために〝支族〟として集団をつくりあげ、議会と裁判所をもつことに気付く。小社会の始まりである。

こうなると小社会は拡大することを覚えて〝部族〟となり、神格化された人＝神人（ヘロス）をつくり、各祖先の神人を信仰したという。また支族も部族も小社会ゆえに直接民主主義が行われた、と。

何はさておき、ヨーロッパのローマ古法「一二表法」からみておこう。

ギリシア人・ローマ人にとって「法律ははじめ宗教の一部であった」と。従って、法律はながいあいだ神聖視され、法律をつくるときは宗教にはかり、神々の好意をえたことの証明が必要とされた（住民に対して同じように強制力をもつことで宗教視された？・筆者）。

このように法律は神の手に成ったから原則として変更することはできなかった。そのため時代が変わっても違う法律が入り交じっていた。ただし法律は「市民のもの」であったため、同一都市の市民のあいだにだけ効力をもっていたにすぎない、と。しかしながら、ローマやアテナイでは外国人は庇護主をもつよう要求されていたから、市民による被護者となれば市民法の恩恵をうけることができた。

ということで、法律は正義の思想からうまれたものではなく、宗教の一部であったということになる。これでは「市民はなにごとにつけても無制限に都市に服従」し自由はなかった。従って各都市が他の都市を征服した場合でも、自己の政府に結合することなく、被征服者を放逐するか隷属させるかであった。つまり、戦争は宗教間の戦争であり、従って市民は無制限に都市に服従するほかはなかった。

これでは革命をおこす結果をひきおこさざるをえないだろう。宗教に対する変革も当然であり、下層階級も自分の宗教をもつようになる（前七世紀から五世紀にいたる変化）。貴族と庶民の宗教上・政治上の差別はなくなったということである。

こうして、大部分の都市は民会の結成に普通選挙制をとりいれ、政治は民主化した。しかしながら市民政治によって市民の平等が達成されたとき、権利の平等は利益のための争いにかわる。いうまでもなく富裕と貧困の不平等が生まれていてもその分配は考えていなかったからである。そのため貧者は投票権を売り、民主政治の結果は支配者とそれに隷属する人間の集合体となり僭主政治になり果てたのである。

紀元前四世紀後半にはアリストテレスによって〝民主政治は衆愚政治〟の烙印がおされ、民主政治は近世の主権論に基づく土台ができ上がるまで確かなものにならなかった。

しかし、民主主義政治は民衆による政治であるから、それが理想的だと評価されるには、それを支える民衆の政治感覚が理想的でなければならないわけで、それこそ未完の目標といわざるをえないのではないか。

が、政治家の特権意識が目立つばかりでは衆愚政治の域をでるはずはない。とりあえず、政治家の意識が「民衆の〝人間に価する生存〟とは何か」を考えるようでなければならないが、無理な提言であろうか（最終章にて詳説する）。

とりわけ日本については日本の伝統文化に〝民主主義〟がなじむのか、どうコラボしようというのか、これに答えた法学研究者は今のところ誰もいない。が、論ずべき現代の課題であることは明らかだと筆者は考えるが……。

ローマ時代に移る。

ローマ法が西欧法に中世初期・一五世紀・一九世紀の三期にわたって継受され、その西欧法を日本文化が継受したことは明治史の常識である。「ローマ法」という講座が旧制大学法学部にはあったが、現在は余りきいたことがない。

そこで『西洋法制史』を参考に、それの要点だけでもここで紹介しておくことにしたい。

前述した『十二表法』については、小家族中心の農業生活を規律する都市国家の法として法律行為や訴訟について方式を定めた市民法であるということ以外は明らかでない。従って特にプレブスの権利を優遇するというものではないにしても、実状では権利状態は大幅に改善される結果をもたらしたという。

そしてカタレイウス法の制定（前四四五年）によって、パトリキ（貴族）とプレブス（平民）の通婚が可能になり、やがてその身分的格差は解消することになったという。その結果、プレブスも元老院に議席をもつことになったという次第。

こうして最終結果においてパトリキとプレブスの身分闘争は解消し、ローマ国民は一体となって共和制が完成し、三頭政治を経て、アウグストゥスによるローマ帝国へと展開する……。

ローマ法学が開花したのは、いわゆる五賢帝時代（九六―一八〇年）である。国家と社会が分離し、広範な自由が私法領域で確保されたというわけである、その結果、世界を支配しうる水準に到達したといえる。クィントゥス・ムキウス・スカエウォラの『市民法論』には信義誠実・衡平を重んずる自然法論の影響がみられ、キケロによって利用されていた。

こうして、私法の発展は、一世紀から三世紀の法学者によって綿密に展開されて、ローマが征服した諸民族に等しく適用され、世界法として組織立てられた。そしてこの成果はユスチニアヌス一世の立法事業『ローマ法大全』によって後世に伝えられることになったのである。つまり、このローマ法はローマ教会の世界支配の理念に裏付けられて、中世以後のヨーロッパ諸国に継受され、ヨーロッパに共通する法となったということである。その結果、ローマ法は、ヨーロッパ法文化として法律学創造の指導的役割を演じ、近代市民法の創造に役立てられたのである。

つけ加えるなら、ローマ法がローマ教会の世界支配の理念に裏づけられたことはいうまでもなく、それが中世以来のヨーロッパ諸国によって継受されたわけである。そして、さらに諸国間の国際法の形成・発展に役立つことになったばかりでなく、法理学の創造に指導的役割を演じた結果、近代市民法の創設に貢献したというわけである。

従って、ルネッサンス・宗教改革とともに近代誕生の三要因と位置付けしても言いすぎではないというのが西洋法文化論史に対する評価である（法学部に「ローマ法」の講座があるのは当たり前？）。

それはそれとして、西欧諸国がローマ法の継受をいかなる形態で継受したかについて、その国の伝統文化との関連について注目する必要があることはいうまでもない。

(3)　再び都市計画の話に戻る。

パリについて。「歴史地図」によれば、都市計画について紀元前三世紀にローマの植民都市として、セーヌ川左岸に格子状の町を創設し、カエサルによってローマ人がサント・ジュヌヴィエーヴの丘を中心に幾何学的プランに基づく町を建設した。

神殿・バジリカ・共同浴場・劇場・円形劇場がローマ文化の影響により存在し、一番大きな共同浴場はその遺跡が今も公開されている。

キリスト教による町の教化は二五〇年ごろ。ルテティアからパリの名に変ったのは五世紀末、のちにフランク族の手に落ちた。

メロヴィング朝の創始者クロヴィスはパリを「王国の首邑」に定め（五〇八年）、バジリカ聖堂を自己の墓所に選んだ。これが後のサント・ジュヌヴィエーヴ聖堂である。七世紀以降にセーヌ右岸に新たな建物が建てられ、パリは北の方にも発展した。その後ノルマン人の度重なる攻撃をうけて南岸は壊滅し、パリの基盤は北岸に移ることになる。そして九七八年の独仏戦後は四〇〇年に渉って戦争はなく、中世に入るわけである。ロンドンの話に入ることにする。ローマ人の侵入以前については集落の痕跡はみつかっていない。

紀元後五〇年にロンディウムを建設し、六〇年に属州の首都となり、一〇〇年ごろに商業用施設が建てられ、円形闘技場・砦が町の西側に建設された。こうなると、二世紀にはロンディウムはブリタニカ最大の都市となり、市壁が建造され、ハドリアヌスの長城（一二二年）の一部は今も残っている。

ロンドンを取り巻く防禦壁ができたのは四世紀である。興味を引くのは、キリスト教の布教は予想外に古く四世紀ごろで、広く知られているのは、五九六年のアウグスティヌス（四世紀のアウレリウス・アウグス・ティヌスと混同しないように）修道院の遺跡の存在である。カンタベリー大聖堂の東にあり、広い敷地に土台の練瓦積と壁の部分が残る。残念ながら観光者は誰もいないなか、筆者には小一時間観察していた記憶が残る。

四一〇年以後ブリタニアはローマ帝国から離れ、東部の大部分が五世紀末にはアングロ・サクソン人が支配するイングランドに変ってロンドンはさびれたが、城壁の外にサクソン人がロンドンを建設し、六〇四年にセント・ポール大聖堂が建てられた。

しかし、八世紀にヴァイキングの襲来によって、イングランドの東部・北部のアングロ・サクソン人の王国は一掃された。残ったのはアルフレッド大王のウェセックスだけだったが、八七〇年代初頭の戦いでロンドンを占領し、八八六年に城壁をめぐらした城塞都市として再建した。だが、未だ首都ではなかった。

首都となったのは、スカンディアビアの攻勢、一〇世紀のエドワード支配を経た一〇四二年であった。有名なのは一〇六六年のウィリアムによるヘイスティングの勝利に伴なうノルマン征服であり、ヘイスティングの城壁跡に一〇六六の数字が印刻されている。一〇八五年の首都ロンドンの人口はたかだか一万から一万五千である。

ドイツの場合。ベルリンの起源は新しく一三世紀の初め神聖ローマ帝国の辺境防備のために建設されたベルリンとケルンが共同の行政＝司法機関をもっていた。一七〇九年にプロシアの下で合併し、一八七一年にドイツの首都として都市建設が進められたという（ベルリンの壁以後は省略）。

(4)　ゲルマン民族の大移動とヨーロッパの誕生。

バルト沿岸にいたゲルマン民族は紀元前後にライン川、ドナウ川の北方にまで居住地を拡大していたが、その一部が三世紀ごろ人口増加による土地不足からローマ帝国内に移住し始めていた。

この動きを加速させたのがフン族の西進（三七五年）、それに圧迫された西ゴート族が三九五年東西に二分された西ローマ帝国内に侵入したため、その防備のため国境警備が手薄となり、多くのゲルマン諸部族がローマ帝国内に移動した。結果は、ゲルマンのオドアケルにより皇帝ロムルス-アウグストゥルスが退位させられ滅亡となった（四七六年）という次第である。

第三節　ヨーロッパの誕生

(1)　ローマ帝国滅亡後フランク王国の建設について、その経緯を簡単に記せば次の通りである。

ローマの滅亡直後は各部族によりヨーロッパがバラバラになったことは当然の成りゆきであるが、そのなかにはローマ人と接触していたゲルマン人もおり、彼等はローマの諸機構を学んで、その支配下に定住していたという。とりわけメロヴィング家のクロヴィスがフランク族を統一してフランク王国を建設したのは四八六年であった。

フランク王国の建設がかくもうまくいった理由は、キリスト教の受容（三九二年に国教となる）によって司教区制度が形成されていたからである。それゆえ大移動以前にキリスト信仰のゲルマン人もいたと指摘する著者も多くおり、それならばローマ帝国滅亡後にフランク王国が一〇〇年足らずで統一国家になった因由についても納得できよう。ただこの辺の事情説明については複数あり、一様ではない。

(2)　アルフォンス・ドブシュ曰く、当初におけるゲルマン人のキリスト教についていえば、西ゴート族・ブルグンド族はアリウス派であり、またフランク族・ケルト族・アングロ＝サクソン族は異教であったという。しかし、五世紀には司教の名声は経済力によって外部勢力に対抗しうる強さを保持するようになっており、フランク王国のクロードヴィによる改宗措置が強制されて、中世的発展の特徴を決定的に規定したといわれている。つまりフランク王国は、キリスト教を信じローマ法継受により民族的統一国家が誕生したものであり、中世ヨーロッパの足がかりをつくったと推測することができる。

いうならばキリスト教会は教義・制度・典礼形式・宗教的観念などをローマの遺産として受け継いで、そこではローマ的基礎の上に、ローマの道路に沿って発展していたことになり、大領主や元老院議員に止まらず、商人・職人までもが礼拝堂や教会を建てていたということである。

他方で、教会の有する所領の発展は、自己耕作を不能とし領主制的経済形態への誘因となって、〝共同体の原理〟は〝支配の原理〟に変化していったということ、つまりは古いローマ的秩序は変化し、司教たちが貧民や労働者たちに生活必需品を与えることを義務と考えるようになり、救貧院が拡張し統一を支えたという。

思うにキリスト教倫理による慈善活動は、六世紀以降では病院・施療院に及び、教会の影響力はゲルマン諸王国の創設期には強力なものとなり、新しい王国の広範な階層は教会法の貫徹に自ら関心を抱くようになったという。結果は教会的要素とローマ的要素が混ざり合って、初期中世の文化的発展のなかで永続的影響力を持ち続けることになったという次第である。

つまりは、ヨーロッパ文化圏の成立によって中世が始まったと理解することになる。

因みに、カロリング朝時代の八〇五年にはアーヘンに八角形の宮廷付属教会堂が建設されている。

(3)　法文化についてはどうか。民族移動の当初は、民族的慣習法を共にする共同体の一員という意識が強かったという。

しかし、裁判所がローマ法とゲルマン法を鋭く区別する考え方は誤解を招くおそれがあるとして、六世紀には住民の融合が進むにつれて属人主義にとって代わって、全ての人々が同一の法に従うこととなり、八世紀以降になるとゲルマン法の内容にローマ法の影響の痕跡はより顕著になったという。

注目すべきは、ローマ法伝統の保管者は教会であり、教会はローマ法によって生活するといわれ、九世紀には『ローマ法・教会法』としてまとめられたことである。

(4)「ローマの遺産」と題して話をまとめれば、ラテン語の日常用語はキリスト教を信仰するようになった世界のすべての民族に、互いに話をし理解し合える可能性を与えたことである。さらに、ローマ法体系はヨーロッパ中世に、さらに近代になってからも西方世界に対して法的な安全装置を提供したといえる。というのは、ローマ法は立法権を執行権から分離し、この二つの推進力をたえず均衡と調和の関係においたからである。しかも君主政的・貴族制的・民主政的諸制度を統一して創造的にはたらく一個の全体とし、さらに帝国の行政を、上は国家単位の大きな課題から、下は都市やもっと小さい集落など地方自治体の条例にいたるまで理にかなった自治の形で組織し、それによって個々の行政体に十分な活動の余地を与えると同時に、能動的な責任の分担を求める声にこたえたのである。

筆者は思う。古代の精神的財産を保存するため写本を作成して残し、西方諸民族を均一な宗教的秩序に導いたのはキリスト教であり、相続人たるゲルマン人はキリスト教会と結んでヨーロッパ中世を全盛に導いたというほめ言葉で評価してもよいと。

カール大帝は各地の教会組織を整え学芸を整えて、のちにカロリング＝ルネッサンスといわれる時代をつくりあげたと評される。まさにローマ文化・ゲルマン文化・キリスト教文化を融合してヨーロッパ文化の基礎をつくりあげたと評価してもよいだろう。

しかし現代からみて悪評を探せば、カロリング朝による統合は、ヨーロッパの縮小を予告し、教皇と帝国の二極分化体制を刻印し、以後の数世紀にわたるヨーロッパ分裂の諸紛争の主要軸を決定したといわれもしよう（?）。

いずれにしても、王国の相続をめぐる争いに関するヴェルダン条約（八四三年）・メルセン条約（八七〇年）により、東フランク（後の神聖ローマ帝国）・西フランク・イタリアに分裂し、現在のドイツ・フランス・イタリアのもとが生まれたことになった。

(5)　カロリング朝の分裂後、一二世紀には封建制が浸透し、都市をめぐる領主と市民間の紛争が続き、一三世紀にはヨーロッパに都市の帯ができた。

ブリュージュ、ヘント、ロンドンを起点として、ライン沿岸、南独、スイス、イタリア湖水地方、ジェノヴァ、フィレンツェ、ヴェネツィア、ライン河畔から三つに分かれて、一つは、ハンザ同盟都市のハンブルグ、ブレーメン、リューベック、グダニスク、二つは、南方へパリ、ディジョン、マルセーユ、バルセロナ、バレンシア、三つは、東方へドイツを通ってプラハ、クラクフ、リヴォフ、ウイーン、ブタに達した。

そして、一三世紀から一六世紀にかけて、ジェノヴァ、フィレンツェ、ヴェネツィアを出発点に、南から北へ、西から東へと、ヨーロッパ世界は拡がり、一八世紀まで国境は変わらず、統合的役割を経済制度がととのえたという。

また、中世的身分制はアンシャン・レジーム末期まで持ち続けられ、そのなかで、キリスト教は、枢機卿による教皇選挙と教皇権の強化、グレゴリウス七世による改革、叙任権論争の勃発、アヴィニヨン捕囚、西欧教会の大分裂と続く。

それにもかかわらず、聖職者の生活様式は一つの身分として形成され、教会の自律性と優越性が保証されることになったという。

T・G・ジョーダンによれば、中世都市にはその特性に三つあるという。一つは市民にとっての自治憲章（チャーター）であり、二つは都市壁、三つは市場である、と。

チャーターは「固有の意味の憲法。ローマ時代の永い法文化生活のなかで憲法の意義を理解した一一世紀から一二世紀は、キリスト教と同時に法文化論にとっても貴重な時期であったといえる。

都市の人口は未だ一〇万以下であるが（例外は一五世紀以後のパリとナポリ）、都市壁は自治のための自己防衛策であり、商・工業施設、教会が壁のなかに囲まれたという。

中世法一般についてはどうか。中世社会では「良き古き法」という法観念によって支配されていたというのが法制史の常識である。実定法と慣習法の区別もなかったというから、以前からの法観念が中世の法理念と考えられるのは当然である。成文法にはローマ法があり、慣習法には部族法があるからである。つまり、西欧人は古代から法に慣れた人々であり、その観念は近世まで続いて時代の変化に対応し、新法の発見と展開に知恵をしぼったのだろうと現代憲法の設定を含めて想像してもよいだろう（!!）。

中世の「法文化論」からすれば、中世に始まるカノン法を逸することはできないと思う。詳細は次章に譲るが、できるだけここに付け加えておくことにする。

カノン法とは教会に関するすべての法を指し、聖書・公会議決議・教皇令が中味であり、ローマ法とともに普通法としてヨーロッパ法文化の形成に貢献したと評することができる。なぜなら、カノンの原義は「神の命令」で、〝信仰の規則〟のことであるが、一六世紀までは教会法と同義と考えてよいからである。

中世最初の例はニケーアの公会議（三二五年）であるが、ローマ教皇、教会会議の決議など、一般に教会に関するすべての法文化はカノン法である。集録された有名なものは六世紀初頭の「カノン法典」であり、カール大帝が公布した「ハドリアヌス法典」である。特に後者は中世においてヨーロッパに広く受け入れられたという。

しかも日本の法文化では全く考えられない教会裁判所の存在がある。キリスト教は神との契約に関する信仰であるから、契約違反の存否についての審議機関、つまり裁判所が必要であるという点が日本と異なるのは当然である（!!）。即ち、司教制が確立した中世初期には司教が教会の秩序維持に必要な権限を行使し、また信者間の紛争に対する仲裁判断を下したという。しかも、前者が教会の刑事裁判の起源であり、後者が民事裁判の起源である。

教会裁判所といえば権限からいうと教会内部にとどまるものであるが、中世以後では教皇権の伸長とともに世俗間にも強化され、その一般事項（婚姻・十分の一税・宣誓を伴う契約・遺言など）にも管轄権をもつようになったという。ローマ法・カノン法にも通じるこの裁判所は世俗的裁判所に対しても指導的役割を演じたことになる。

まこと、西欧における法文化が長期間にわたって他文化に与えた影響のほどは測り知れないものがあったろう（!!）。その市民文化にみられる自我意識の強さは日本人には理解しにくいのではないか。例えば、欧米映画にみられる自分・他人間の科白（セリフ）のやりとりは理屈っぽく、恋愛ものなら肯定的なハッピー・エンドが多いと感じた読者もあるはず。対する日本映画のそれは別れ・失恋が多く、情緒的であり、〝察する心〟（ハ、ハ、ノーといわず無言のまま）の深さに共感する読者も同様であろう。

西欧人の頑固さは自律的であり、日本人の情緒についていえば、相手に対する自我のあり方は柔軟で融通することもできる他律的なものである。だとすると、西欧の法律が日本に継受されたさいの問題点について十分な斟酌が必要であったはず。継受以後のコラボ法文化がどんなものでなければいけないかの研究について、筆者は無知に等しい。

(6)　次は地球構造である。都市の中心部は中世の旧市街地にあり、それをとりまく城壁は不規則な円形が多く、残存する城門のなかにはローマ時代のものもある（ドイツ、トリーアに残るポルタ・ニグラは有名）。

なお、キリスト教の教皇と俗世の皇帝との勢力争いについてであるが、読者にとっても世界史の常識ではないかと思う。「カノッサの屈辱」・「叙任権論争」・「アヴィニョン捕四」等々。

広場について最後にひと言。

都市の広場は長方形が通常で、四隅に通りからの入口があり、入ったさいのパースペクティヴに一驚させる仕掛けである。見事な例は、ブリュッセルのグラン・プラスに、ヴェネツィアのサン・マルコ広場。前者は北側面の西寄りに小道があり、四、五分も歩けば例の小便小僧に出会う。サン・マルコの場合、東のサン・マルコ大聖堂は別として、ほかの三方の建物の高さは均一で物理的美事さがある。南の広い出口は港に出て停泊するゴンドラが並列する。

ところで、広場の真似を日本でした最初の例は日比谷公園であるが、木々に囲まれ花園が続くという洋式庭園であり、文字通りの視覚の日欧差について思い知ることができる。物理的視角に対する自然重視の違いは法文化の違いに関係してくることは間違いがない……。

(7)　最後に日本人（増田四郎）が注目したヨーロッパ中世都市について一筆加えておく。重点は一二世紀中葉に成立した北欧建設都市の政治意識にみる自治法制である。

彼らには新しい政治意識をもって成立し進歩的な近代国家が採用した統治原理の祖型を

求めることができるというから、これぞ下層階級層による階級的闘争力を生んだことであろう。対して南欧における市民文化の開幕は個人主義的めざめとして現われ、外側へと向かう自己拡張と個人力量の発揮が団体的制約を超えていったということであるという。

まさしく個人の自意識の覚醒である。それも強固な……。原型は中世のキリスト教における「神の子」との契約（新約）にあったものが宗教自治法制を特許状もしくは都市法の形でつくりあげ、司教都市にも影響を与えて一三世紀中葉を頂点に、前身の如何にかかわりなく、「自治体」としての法域を完成したという。これぞ中世都市文化の黄金時代の到来である。が、商工業者を中心とする誓約団体的なもので、商人ギルドの優越のもとでの「法の前の平等」であったということに留意したいとの条件を付せざるをえなかったともいう。

それにもかかわらず、筆者は思う、市民意識の精神的基礎には理性的自覚をも見出すことができると……。西欧における「剛直な自我」の確立と筆者がいうのはこのことである。それと同時に移住民族の伝統的文化はどうなったのか。一瞬にして消え去ったと常識では考えられない……（？）。

そこで心証的批判論を述べる二著を紹介しておく。

(8)　植田重雄は、山・森・大地・火と光などに対する自然信仰について（「大地母神」という）、それがキリスト教にからみあった社会事例をあげて（サグラダ・ファミリアは森とからむ）、コラボ信仰の説明をしていると筆者には解される。しかし、「オーバーアマガウ」の〝受難劇の壁画〟の例は、単純に観光客に対する〝絵解き〟と解するに過ぎないと思う。

今野国雄の言はキリスト教の偶像崇拝禁止に対する正統と異端の考え方についての批判である。

西欧の「剛直な自我」についていえば、正統と異端の区別について激しさは際立っており、原理・出発点が同じでも考え方のなかでの違った意見は区別されるというように激しいものであるという。古くは第一ニカイア公会議（三二五年）、エフェソス公会議（四三二年）等々……。

イングランドのピュリタンはカタリ派の異端として、一一八一年にインノケンティウス三世により永遠の破門に付され、四〇数年に及ぶカタリ派討罰十字軍の発端となっている。いわゆる「宗教改革」は読者の常識だろうから、異端とされた改革の先駆者について一言しておきたい。

一四世紀にはイギリスのジョン・ウィクリフが聖書の英訳を手がけ、それを範に、ボヘミアのヤン・フスはチェコ訳によって説教し市民に影響を与え、さらに聖職売買を糾弾して宗教改革運動の先頭にたつようになった。その結果、彼は破門され、異端の宣告をうけて一四一五年焚刑に処せられた。しかし彼の教会批判はチェコ人の民族運動と結びついて、フスを支持する民衆は決起して闘いを挑み、いわゆるフス戦争が始まった。フス派はターボルに立てこもり、各戸をつなぐ地下道を造り利用して抵抗を続けたという。

この地下道は今も残り観光の目玉としてガイド・ブックに残るが、現在は各戸の地下貯蔵庫としても利用されている。

キリスト教の場合、正統・異端の問題は、時に宗教戦争となることがあるといっても過言ではないと筆者には思える。問題は信仰に係わるゆえにその対立は先鋭し戦争の形をとるまでになるというのが西欧の例である。〝強固なる自我意識〟を培うことになるのは否定不可能である。

他方、宗教闘争が戦いに及ぶという例なぞ日本にはない。不受不施派に対する禁教措置の例が筆者の記憶にあるだけである（?）。この違いについて極言すれば、磔刑に対する涅槃寂静（ネハンジャクジョウ）（仏教・三法印の最後）の宗祖の違いを原因とする信仰心の奥儀にまで思いいたるといえば言い過ぎであろうか。信徒の自我意識は、この奥儀の歴史的所産であると筆者には考えられるのである（?）。

ローマ法継受に教会裁判。どうみてもヨーロッパの法文化の根は深く、また緻密である。日本文化にとって、それをどこまで理解できたであろう（?）。

条文解釈と判例評釈に明け暮れしている日本の法学界。せめて文化の問題として考えてほしいというのが本著の願いだが。〝和魂洋才〟の名が泣かないように……。

(9)　一三、四世紀になると、キリスト教儀式と皇帝職位の二つを中心とする楕円形の政治責任体制ができあがる。「カエサルのものはカエサルに、神のものは神に返す」といわれてきたが、中世ではどうなっているのかという問題である。答はローマ教皇が君主となって権力で人々を支配する形態が中世にはできあがってくるからである。〝霊的共同体から法的組織体へ〟という現象が生まれてくるといえば判り易いだろう。

防壁のなかでは内部の人間関係を結びつける接着剤が必要であり、その役割を果たしたのがキリスト教であった。つまりは、キリスト教が都市共同体を構成して教会堂をつくり、それが都市のシンボルとなったという次第である。

都市共同体における個人はギルド・ウニヴェルシタス、そして教会という普遍的世界に生きていることを自覚していた。また法・権利・正義は不可分なものと考えていたが、「法の下の平等」の観念はなかった。しかしキリスト教倫理が人間関係の基礎にあると考えており、そこでは自然法として捉えられていたということだろう。だとすれば、個人の自由は自分が所属する団体によって認められた範囲内で自由であるということになる。

しかし、一三世紀以降に領土観が生まれれば、普遍主義は成りたたない。特にフランス国王が教皇と対立するほど力をつけてくれば、領域国家が成立して主権国家となり、パリ市民は国王の下にいるという意識に目覚め、国王が市民を政治的に組織することが重要だとなる。それは一四世紀後半であったと。領域国家では、官僚は教会法とともに世俗の法律・ローマ法の訓練をうけた人間が教会に集まるわけであり、二つの博士号をもち、高位聖職者の秘書や顧問官になり、高位聖職者を目指すわけである。

そうなると、ここで問題がおこる、それは世俗的統治権が教会統治権と衝突する場合である。インノケンティウス三世はフランス王フィリップ・オーギュストのアピールに従って、教皇令に「王は上位者をその王国内において認めず」と宣言して、西ヨーロッパはキリスト教世界であり政治的にも宗教的にも普遍的存在であると証しした。

それも一四世紀になると、封建王制が領域的主権の成長によってナショナルな感情が生まれて政治的秩序として機能し始めてくると、ナショナルな感情が政治的統治体と結合し、政治的秩序として機能し始めるのである。イングランド・フランス・ボヘミアは一四五〇年までに国民国家の様相がみられ、「古き良き法」に代わって統治者が法律をつくり、統治者も全体の一部となって「公」の原理が生まれる。

⑽　中世の終りは「アヴィニオンの捕囚」から始まる。

ところで、捕囚から帰ると、別に教皇がおり、教皇は二人になる。公会議の結果、教皇は三人となったので、教皇の教会支配は公会議によって統合しようという運動が始まる。しかし結果は、公会議運動はヨーロッパの普遍性の意味が薄れる表れとなって、教会は一つ、信仰は一つ、頭は一つという中世の終りが始まることになる。

ちなみに、世俗と宗教の二頭政治は道鏡事件を思い出せば日本にもあったとする読者がいるだろう。法は世俗と宗教にもあるから、日本の場合はあながち珍しいことではないが、平安遷都が王法優位のための分離策と考えれば更に納得がゆくだろう。

また法皇の呼称や国家神道・現人神の観念を思い起こせば、その使われ方はヨーロッパと異なるが日本の方には政治的意味が深い……。

現在の教皇は独立国家バチカン市国とカトリック教会の長でもあるという聖俗両面の長

である。

さて、本題に戻り、〝中世の暗黒時代〟と断言される歴史観の存在は甚だしい誤解であることを読者は理解しえたと思う。〝ヨーロッパ中世とは何か〟が再考される理由がここにあるとするなら、その問題点は中世都市史の再考である。観光客が目を引かれる大聖堂（バジリカ・ロマネスク・ゴシック＝型式）の出現は西欧都市の美しさの中心を現代まで占めており、その記述を遁すわけにはいかないのではなかろうか。

第四節　ヨーロッパ中世の時代思潮

(1)　中世の時代思潮

中世が暗黒時代でなければどう考えるかを再考してみたい。すでに複数のルネッサンスといわれる文化現象が説明されているので読者にも疑問のある人は多かろうと思う。そこで整理しておきたいと思う（J・ル＝ゴフ『中世とは何か』）。

「中世」という言葉は、すでに一四世紀に使われていたという。〝中〟とは未来に対して〝中間〟の意味で、衰退の後にくる〝再生〟の意味を含んでおり、キリスト教はそのときに完成をみるの意味である。ヤコブ・ブルックハルトにいわせれば、近代人は中世の聖職者たちに頼ることなくギリシア文化を直接受容することになり、中世の意味はそれだけ薄れることになったとの意味であるという。また中世の古いラテン語のイメージに代えてギリシア語が上品で大胆だと評価され、さらにグーテンベルクの印刷機によるルターのドイツ語訳の聖書が追い討ちをかけたというのである。こうして一四九二年が中世の終りと決められたと……。

さて、最初のルネッサンスはカロリング朝（八世紀末～九世紀）である。ビザンチンによる聖画破壊に対し、シャルルマーニュは聖画像礼拝を許し東方聖教とも一線を画したので、人間やその形象に中心的価値を与える西洋美術を生む基礎となった。その結果、聖母マリアが信仰の対象となって西欧社会に浸透したため、人間の姿をした神をみることになったということである。

次のルネッサンスは一二世紀に世俗の学校（一一世紀末ボローニャ大学、一二世紀初めのパリ大学、一三世紀のオックスフォード大学ほかモンペリエ、トゥールーズ、サレルノ、パドヴァ、サラマンカなど）が誕生して、文学が生まれ、日常言語による世俗的日常生活の変化（とくに結婚のキリスト教制度化、告白の義務化）が行われるようになったという。

つまり、一般にいうルネッサンスは中世の第三ルネッサンスにも当たるといってもいい。

なぜなら、宗教改革によるキリスト教の二集団分裂や複数の教皇の存在に対して、中世の人間は信仰の対象や内容の相対化により宗教を選ぶことができるようになって苦しむことはなかったからである。

さらに中世における卓越した史実として、都市のめざましい発展と精力的な宗教運動をあげることができる。ダンテやジョットの才能の開花もこれに付け加わろう。例外は君主制の不在と真のゴシック建築の不在である。

(2)　法の話に入る。中世といえば慣習法という考え方が強いが、普遍を目指して慣習に形を与え、一二世紀以降には成文化される。と同時に、教会法も体系化（『グラディアヌス教会集』）される。こうした中世文明は王権の安全保障の要求にも応え、市民の日常生活にも浸透する。都市には訴訟を管理する機関が生まれ、法律家が育ち、公証人・法学者・大学教授が生まれたというのである。

こうした状況のなかで、最も中世らしい法といえば、正統と異端を裁判する宗教裁判所の存在である。従って、異端に対する強迫観念が中世キリスト教の最も暗い側面の一つであったといっていいだろう。しかも、その異端を定義するのは教皇庁であるから、異端の如何は宗教論争の領域を越え、キリスト教秩序をゆるがす社会問題として、神の権威を冒瀆する罪として、異端とされる。その好例はルーアンの教会法廷におけるジャンヌ・ダルク裁判で、シャルル七世の載冠式を可能にしながら教会から圧力をかけられて異端とされ、火焙りにされている（現在はルーアンの地に聖堂が建てられ聖女として祀られている）。これぞ中世の影の部分であり、世俗権力に対する批判として異端告発をする例は一一世紀以降に盛んとなっている。これこそ宗教法による〝殺人〟であり、死刑廃止論の根源はこの辺にあるのかも知れない（?）。

ゴフのいう中世ルネッサンスについて、その理由は、ルネッサンス期の思想家に明らかなのは、人文主義の宗教性にあり、古代神話や寓意への好みはキリスト教と結びついている、それは、ギリシア・ローマの神々をキリスト教的「企図」のもとに利用しているだけで、人文主義とキリスト教を対置して議論する習慣は一九世紀になってからだというのである。

最後に、キリスト教内部の秩序維持のために行った〝迫害の構造〟である。その始まりは、ユダヤ人がイエスを救世主と認めなかったので、イエスの死はユダヤ人にあるとされたことである。そして、ユダ人にイエスの死の責任があるとされて、改宗の強制が、十字軍精神の明確化のもとに、エルサレムにおいて反ユダヤ主義によるキリスト教浄化が行われている。

正統と異端の対語に続いて、「天使」と「悪魔」とくる。天使はいうまでもなく〝神の使い〟で有名なのはミッシェル、ガブリエルなどか。天使は一二世紀に記述が盛んとなり、神との間の仲介者として一三世紀にはアミアンやランスのゴシック大聖堂に現われてくる。対して悪魔は中世初期に人間を堕落に引き込む役割をもつようになった。次いで三位一体の聖霊は最後の審判の告示を表現しており、冒頭の文句は中世に語られるようになり、〝父と子〟の補助者の役割をもつという。

最後に「聖母信仰」を論じよう。三位一体ではまだ不充分であるという。その理由は聖母が死後腐敗をこうむったはずはないからと。何故なら、聖母は原罪を背負って生まれてきたはずはないという考え方が一二世紀に主張され、さらに一四世紀には聖母を神はそれを免除したとして「アベ・マリア」が成立する（『神曲』より）のだと。しかし、ひらたくいえば、マリア信仰は一種の母子信仰とみることができるので、日本の八幡信仰にみる神功皇后・応神天皇の祭神がそうだし、洋の東西を問わずに存する普遍的信仰である。

以上のドブシュ、ル＝ゴフの説に対して、アナール派（実証主義歴史学に対する批判として現代からの歴史批判を重点とする学派）の批判があるが、本書では省略する。ただ一言いえば、日本の自然中心文化に対する西欧の人間中心文化が〝文化の通奏低音〟になっていることが判ると思う……。

いずれにしても、キリスト教の異端に対する厳格な敵視を考えれば、信仰の至高な誠実心を求める自我意識の頑固さは並外れていると、日本人には思えよう。

(3)　聖堂の簇出

パリの周辺で特に目立つのはイル・ド・フランスにおけるマリアに捧げられたノートル・ダム大聖堂の多大さである。いずれも大きく、又、美事で観光客を魅了する。

いうまでもなく大聖堂より高い民間建造物はなく、街の中心でその偉大さが観光客の心象を深くとらえるのである。その型について、ロマネスク、ゴシックと区別してしばしば論ぜられていることは読者も承知であろう。が、その具体性について少々論じてみたい。

古代の建物の型は一般にバジリカといい、中世に入って、ロマネスク→ゴシックと進歩したといわれ、現代建造物においてもネオ・ゴシックと称されてその名を残している。

ある建築評論家の言は、中世建築の粋ともいえる聖堂を引き合いに出して、その量体の拡がり、そびえる高さ、その身を支える均衡は揺るぎなく、その効果が呼び起こす精妙さは雄大な躍動感を与えると称賛する。こう言われては、それこそ歴史的観光名所と喧伝されるはずであるが、以外にも観光客は少なく、日本人にも余り人気はないようだ。

要するにキリスト教建築はよく理解できないと考えればいいだろうから、聖堂建築について少し詳しく説明しておきたいと思う。

そこで、まず中世聖堂建築がヨーロッパ文明に西欧的表現であることを確認する必要があるということ。即ち、その姿といえば、石造の一般建造物群のなかに融けこんだ聖堂が街の中央に聳え立ちながら、高い尖塔をもつ量体の拡がりによって均衡を保ち、効果の諸法の精妙さが観る者に躍動感をも与えているのである。

こうした中世建築とその派生芸術が、全西欧キリスト教世界の共通言語を構成しているのである。従って中世を具現するすぐれた表現であるばかりでなく、諸文明の連続のなかで独自の役目と、周期の一つとしての意義とを中世に付与することになる。つまり、中世は二つの時代に挟まれた過渡期ではなく、それだけでまとまった主張をする一つの時代といってもよいということである。

また、こうもいわれている。中世芸術の普遍性は神のなかにあるものであるから、低俗・法悦・幻想に至るまで、人間のすべてを芸術としてとりあげており、人間の宇宙に対する広汎な考え方をわれわれに教える人間の博物誌であり理念史でもある、と……。従って、諸文明のなかの、その西欧的思考は、すべてのキリスト教国からもたらされる諸要素を配置し、繋ぎ合わせ、組み合わせる思考を建築に服従させる西欧の考究であるということである。

バジリカの様相をもつ古い聖堂は古代ローマの四大バジリカといわれるが、現存する当時の様相をもつものは有名なサンタ・マリア・マッジョーレ大聖堂である（三五二年―四四〇年）。

中世初期のカロリング時代に入ると、初めは木造小屋組み・切妻壁の簡素なものだったが、幾何学文様の巨大な壁の豊かさは技術性も高く、この手法はロマネスク洋式の建築に受け継がれている。

そのロマネスクの記念碑的建造物はラヴェンナのサン・ヴィターレ教会堂であり、その想をうけついだのがアーヘンの宮廷礼拝堂の流れを汲む一群である。二重後陣・二重翼廊をもって独立した二つの建物が西側ファサードで融合されてできたように見えるのである。この巨大なロマネスク洋式を筆者はザンクト・ガレン（スイス）でみたが、一層貴重な経験は八―九世紀の写本の何冊かを附属図書館でみたことであった（驚いたことは靴のまま大きなスリッパを履いてそのまま入室することである）。

他方で、側廊が祭壇の周りまで延長され、放射状祭式つきの周歩廊が付け足されたロマネスクの例もある。一例としてとりあげるサン・ジュリアン大聖堂（ル・マン）は東の後部からみると説明しようのない複雑さをもつ聖堂（入室できず）で、一瞬ゴシックとの〝何たる違い〟の感であった。ル・マンは自動車レースで有名だが、街をとりまく城壁（ただし一部）に、中世時代の石を敷いた長い狭路に立つ石造りの家屋が並ぶ〝みるからに〟中世風の街並みには魅力つきない風情を感じて訪ねた記憶が残る……。

フランク王国はメルセン条約（八七〇年）で東フランク・西フランク・イタリア＝王国に分裂したが、フランス、北イタリアのロンバルディアを中心にロマネスク様式は伝播した。その特徴は一一世紀に身廊の屋根を石で覆って横圧力を補強し直接採光する方法を追求したものである。が、各地の修道院を中心に発展したため、それぞれの地方様式が基盤となっている。建物内部は暗く重い印象を与えるが、素朴な装飾彫刻は限りない魅力をみるものに与えている。有名なのは、サン・ラザール大聖堂（フランスのオータン）、マインツ大聖堂（ドイツ）などである。

まず初期ゴシック芸術について。一二世紀初頭のフランスで新たな建築術と様式が生みだされるが、一二世紀はゴシック芸術の実験世紀である。〝ゴシックの言葉〟が用いられたのは一六世紀で、ゴート人の建築様式を過小評価する偏見の言葉であった。正当な評価は一八世紀後半からであり、一二世紀後半から一六世紀初めまでのヨーロッパ中世美術をロマネスクに次ぐ様式名として適用されるようになった。

その突破口を開くのは聖堂建築であり、課題は石造穹窿を高くしてゆくための架構法であり、肋骨状アーチと尖頭アーチによるという方法であった。

尖頭アーチは古くから行われており、主身廊や側廊のヴォールトに使われたのはダラム大聖堂（イギリス）であり、それがイル・ド・フランスにやってきたのである。一二世紀のラン大聖堂の如きは多塔構成の古典的権威であり将来の発展を準備したというべきだろうと筆者は思う。

最初にゴシック建築を始めたのはサン・ドニ修道院長シュジェールであるというのが通説である（一一三七年―一一五一年）。そしてゴシック大聖堂の初期時代の幕が切って落とされ、大規模で著しい高さの教会堂が造られる。が、平面構想・量塊構成の整合性を考えれば、そこには一定のルールも必要と考えられて、一三世紀に入ると、シャルトル大聖堂（一一九四年以降）を範として発展する。

シャルトルは「――の青」といわれてステンドグラスの青色が世上有名（一二世紀中ご

ろのものも残る）であり、一三世紀ゴシック大聖堂の模範といわれているが、全体にロマネスクの重厚な感色も残しており（正面双塔の右側）、ランスやアミアンへと発展して洗練さを増すことになる。

キリスト教中心世代がだんだん経済的に豊かになり、教会の懐の資金がふえてくる様子が見てとれると感ずるのは不敬だろうか。

ゴシックの古典時代になると、シャルトルに次いでランス・アミアンに構造上の傑作があり、ファサードの豪華さは上方部分にいたるまで見事な彫刻が施されていることである。アミアンの場合は、加えて階を重ねるごとに列柱の美しい漸増式展開をはっきりみてとることができる。

そして、この次にブールジュ大聖堂が待ちかまえる。ささやかな放射状祭室をともなう翼廊なしの連続式平面の上に、段階的に高さを違えた五つの身廊を展開し、南北両側面の扉口を残している。翼廊なしの長大な身廊には巨大な大柱の列が続き、内陣付近で支柱の間隔を増やして遠近的視界の修正を行い、堂内は宏大な展開をみせている。

いずれにしても、各大聖堂は時を経て構造上も変化することが多いと考える方が普通である。ルーアン大聖堂は、一一世紀にロマネスク式で建てられたあと、一五四四年に完成するまでに各時代に増修築が加えられて、初期から後期までのゴシック各様式をあわせもっているといわれている（全長一三五メートル・身廊の高さ二八メートル、尖塔一五一メートルはフランス最高で、左側廊は一三—一四世紀、右側廊は一五—一六世紀、祭壇は一三—一六世紀のステンド・グラスで飾られている）。光の移り変わりによって建物の相貌が変わるので、モネの写生画に連作があるのはそのためだろう。

以上の大聖堂と大きな違いがあるのはパリ王宮内のサント・シャペル礼拝堂である。大型ステンドグラスが占める二階の壁をみると、側壁が崩れ落ちて支え壁を形造っているようにみえるので、観光客に説明するのは困難であるように感ずることになる。

つまりは、一三世紀に提供したゴシック芸術の手本がフランスの各地域においてどのように展開したのかを一部論じたまでで、その展開のすべてを論ずることは『序説』の普及版である本書では埒外であろう。が、イギリスほか若干のものを補足しておきたい。

フランスの様式が伝播したあとの中世イングランド技術の独創性の説明に入る。ロマネスク最晩年に量塊とリブ構成の結合による力強さを示すのはカンタベリ大聖堂（一一七五年フランスの建築家による）である。チチェスター大聖堂もフランス的で、イングランドのゴシック様式には両者の起源の共通性がみられるという。しかしフランスで姿を消した二重翼廊は生きながらえており、支柱の断面は小さいが、アーチは鋭い。

またウェルズやソールスベリの例では身廊内の立面構成が不明確という特徴があるが、リンカーン、ヨークではフランス的手法がみられる。そしてノルマンディ風の塔を中央に載いた量塊構成のフランス型はリンカーン、ヨーク、ソールスベリーにみることができる。入口の開口部が広い例では塔の力が弱まっている。ピーター・バラが例示されているが、ウェルズの場合は双方の控え壁がファサードの飾られた台座の上に載っていて印象効果の脆さに結びついている。

(4)　中世後期以降の特質として逸してならないのは教会裁判所についてである。ローマを頂点とする各地の教会裁判所は世俗のそれと拮抗して高度な発展をとげ、統一的な普通法の形成に関して重要な機能を果たしたことに注目する必要がある。初期の裁判所の役割は教会の秩序維持に必要な権限行使と信者間の紛争解決にすぎなかったが（前者が刑事、後者が民事）、中世以後の教皇権の伸長に伴って世俗の一般事項（婚姻・婚約・十分の一税・宣誓を伴う契約・遺言・社会的弱者の法的救助など）も管轄し、世俗裁判所に対し指導的役割を果たしたという。

こうして富と権力の象徴となったキリスト教会が中世から近世への橋渡しの役割を果た

したことは読者にも理解できると思う。

ゴシック建築にその例をみよう。ロマネスクはいわば信仰の表現に集中しているのに対し、ゴシックは信仰の深さの表現であるといえば理解できるだろうか。前者では聖母信仰が石の偶像であるが、世の母親として表現されて慈悲を顕わにしているといえる。またパリ・アミアン・シャルトルのファサードにはユダ王国の予言者たちが進みでてキリストの出生を告げ、生涯の一年間のうちの祝祭に対応する物語（降誕・受難・復活）を一三世紀に表出し、キリストと聖母を結びつけている。つまり、聖母は十字架の重味をすべて感じ、それをみつめる聖人は各教区の教会扉口に安置し、すべての悪徳を踏みつぶすのである。「最後の審判」といえばいいのだろう……。一三世紀のことである。

大聖堂もどんどん人間臭くなったと考えられる。こうして、教会のマリア像は当然のこととなり、時にはイエスの磔刑像が現れることもあるという次第（近代化？）……。

こうなると、一三世紀の大聖堂の飾りものは、聖俗一致を表現するものと時代思潮を捉えるほかはなく、ルネッサンスの予兆であり、近代への序章と捉えられるのではないかと筆者は考える……。

宗教に対する行政上の問題として（現実的に考えるか理論的に考えるかによって日欧文化

の比較論になる）、現実におきた恰好の社会問題があるので、最後に紹介しておきたい。

一九八五年（？）に京都市が施行予定の「古都保存協力税条例」（拝観料に五パーセントの市税を課する）に対し、京都仏教会がその違法を争った裁判事件がきっかけである。

そこで問題になったのは宗教に関する「聖域」の観念である。教会でいえば聖域は教会内がほとんどで、聖堂外で聖域とされるのは墓地ぐらいではないか。

それに対して日本では神社の聖域は鳥居が境界で、それをくぐれば聖域に入るというのが神社側の言い分である。もっとも遠く離れた「一の鳥居」はどうかという難問がある。が、大きな神社の一の鳥居・二の鳥居は聖域の外苑ではないかというのが今の筆者の答えであり、広い聖域をもった大神社のかつての聖域への入口であったと考えている。

一審の判決（一九八六年）の内容は、清水寺の拝観者料支払い観光客の目的は参拝はさることながら実体は懸造舞台上での記念撮影か京都市の一括展望であり、金閣・銀閣での拝観者の目的は建物・庭園の観賞で参拝ではないということで、宗教行為に対する課税ではないということであった。単なる入場料に対する税徴収にすぎないというのである。

第一審判決は原告敗訴となったので、仏教会は控訴し、有名寺院の拝観停止を実行した。が、それについて仏教会を批判する京都市民が多く、仏教会の行動を批判する空気が次第に強くなってきた。

公法研究者も一審判決に賛成という状態で、拝観停止は社会問題としてジャーナリズムにとって絶好のテーマとなり、報道の過熱化を招いた。

京都の有名寺院の観光（?）は、日本人にとって趣味のようなものである。拝観停止はその趣味の禁止と同様であるから、仏教会の態度に批判的なのは当たり前。この苦境を何とかせねばとの思いに、仏教会は〝古寺巡礼〟の経験ある筆者に相談を持ちかけた。

それを受けた筆者が出向いた先は、仏教会主催の会場に大勢の寺院住職がつめかけた場であり、簡単な返答の積りが講義調になった。が、主旨は次のような内容のものである。

一般的にいって〝お寺には境内がある〟、入口には山門（山岳信仰の名残りで〝山〟の名前がある）と仁王門（寺の守護神として金剛力士を左右に配置）がある（後者はない寺が多い?）。その内側が境内だが、寺の場合は「聖域」である。従って聖域に入った観光客には寺院との間に「結縁（ケチエン）」が生まれ、宗教観念上は参拝と同様の関係が生じており、客のとる行動とは無縁の状態であると考えられると……。

述べ終ったとき、筆者が驚くような拍手がおこり、視線のやり場に困ったとの記憶が今もある。結局、京都市は条例施行を撤回し、この社会問題は雲散霧消した。

比較法文化論からいえば、ヨーロッパの教会ではこういった問題はおこらない。教会内に直接入り、金銭授受はない。筆者の経験ではソールズヴィリー大聖堂の別室でマグナ・カルタの原本をみたときに入場料をとられた経験の一度だけであった。

法文化に関する比較論からみて、京都市の条例は〝法の支配〟について甘いというかルーズというか、いかにも日本的だと思える事件であったし、法学専門家の意見は合理的にみえて日本文化に対し無理解過ぎると筆者には思えるのだが。

加えて、条例は神社に対してどうなのかの点（鳥居があり随身門もある）は一層気になる問題である……。

さて、キリスト教の話はこれで終り、中世を特色づける都市の話に入る。

第五節　中世都市の景観

(1)　ヨーロッパの中世都市はキリスト教に基づく「共同性」という価値観のもとで、「共同体」という都市特有の環境を練り上げてきた。その水平的社会結合が生んだ新しい価値意識は横のつながりのなかで公共の福利になるというイデオロギーであった。即ち相互扶助による労働時間の厳密性を求めて時間観念が形成されるというようにである。

中世都市が旧市街として現在残ったのもこの時間観念と無縁ではないはず。しかも個々の家・個々の街路は全体像の形成に奉仕させるように形態化され、その集約化のために広場がおかれた。

城壁・聖堂・広場、これが中世都市の三点セットである。とりわけブリュッセルのグラン・プラス、ヴェネツィアのサン・マルコの広場は、いままでこれに過ぐるものを見たことはないというのが筆者の感想である。いや広場だけではない。ヨーロッパでは、中世から存在する現代都市には、必ず〝旧市街〟という中世都市がほぼそのままの形で存在するのが常識である。

対して、日本は災害国家といわれて、大災害のたびに、その面目が一新するのと対照的である。

従って、心理的・論理的に比較対照のキー・ワードをつくっていることは間違いがない。「剛直な自我」（ヨーロッパ）に対する「融通する自我」（日本）である。

この比喩が難しければ「厳格な自我」対「軟弱な自我」と言い変えてもいい。ヨーロッパでは継受されたローマ法が二元的思考のキリスト教によってスクリーンされたからである。

軟弱な自我の持主である日本人にとって、都市景観の変化は自我意思のうける影響も小さく、街の変貌からうける精神的苦痛はあっても大した抵抗力にはならないはず。その繰返しが美観ルールの無視を結果したのである。

何故そうなるのか。別の理由を中世都市自体に求めれば、ヨーロッパの中世都市は自治権をもつ市民社会というヨコ社会がつくったのに対し、日本では城下町であるから城主がつくったタテ社会にあるということになろう。ただし城主が美的認識をもったところでは、昔からの整った町並みが今も残るところがあるが……。

(2)　中世城塞の住民は契約共同体（ギルド）の当事者として領主から特別の自治権を与えられているから、個人の自立的・民主的な権利義務も意識されているというのが中世の市民社会である。

この共同体は〝平和と秩序〟維持のため、宣誓書をつくり自治権のみならず裁判権をも確立しているという。ただし、領主との関係から不完全なあるいは雑多な結果に終っているものもある。

それでも中世の旧市街は日本人にとっても美しいと評判である。入り組んだ街並みが広狭さまざまなのに美しいと感ずるのである。いうなれば、視覚的変化（同じものは一つもない）があるので審美感が充足されるということではなかろうか。しかも公共の場と周囲の建物の配置の妙もある。広場には噴水・彫像があってコミュニティの雰囲気は万全という都市構成である。まさしく市民の町である。

さらに中世的風景として〝塔のある町〟は、風情もひとしお、またハーフティンバー住宅の急傾斜切妻屋根が並べば興味が募るという調子である。

要するに、西欧では場所と形状という地理的空間性が生きているのに対し、日本は自己中心の好み・感じ方を表現しているという違いがあるというのが筆者の感想である。西欧は審美論的・日本は個人好みというのが比較法文化のここでの結論である。

(3)　日本人の論旨を聞こう。

都市法をもつものが一三〇〇年には五、〇〇〇を超えるという。ただし、一都市の人口は一、〇〇〇から二、〇〇〇だが、一五、六世紀になれば領邦君主に対抗して国家統一を志向するようになる。中世は市民意識はあるが国民の観念はまだない。つまり城壁（？）のなかは一つの文化の場所だが外側にはないからである。

ヨーロッパ大陸が中世的体制から大転換するのは一五、一六世紀の大航海時代になってからである。それまでの人的結合による支配が国家による支配に変われば国民の観念が生まれよう。つまり、中世の部族国家、封建国家、等族国家の到達点に国民の国家が生まれるわけである。

中世におけるキリスト教は、社会制度や文化的伝統に対する不信や人生に対する絶望によっても全く影響を受けることなく存続した唯一の力であった、と。つまり、キリスト教の信仰と倫理は西方のゲルマン的伝統に決定的に浸透したといってもよい、ということか……。

その根拠には、アフリカの砂漠から生まれた修道院の強烈な禁欲主義による世俗社会生活の拒否が、キリスト教世界の人々の目には信仰の生きた証人として考えられたからだという説があるが、他方において、しかし、修道院制の立法者は聖ベネディクトゥスであり、ゲルマン系民族の支配者をも修道院制に引きつけて部族民の改宗に指導的役割を果たしたからだともいえるという。

一二世紀半ばから一四世紀までの中世盛期には、ボローニャのカノン法学者が中世の教会を組織化し、ローマ法研究者との相互作用によって、都市国家の支配者と教会の行政家たちは同じ大学で教育をうけたから、その相互批判により教養ある世論の発展を促しており、フランスのパリは、ボローニャと共に中世の学問世界の二極の地位を占めていた。その結果、哲学が百年間に渉って発展することになったという。結果は、キリスト教会の宗教的教養と古代文化の知的伝統との統合を達成しようという努力の最後を飾る完成となった……。

一四世紀は教会大分裂（アヴィニヨンとローマ）と争い（例・百年戦争）の時代であり、大学の活動は統合の助けにはならないのみか、その知的基盤を根底から切り崩した。しかし、一般民衆は依然として中世の宗教的雰囲気に浸っていたという。

しかも、古代民主主義が中世ヨーロッパ都市において市民自治として復活し、現代の祖型になったという点は忘れてはならないことなので、その経緯を略史で示そう。

まず、自治を求める市民と支配者との間の抗争が始まった一〇世紀にさかのぼれば消費者の需要に応える遠隔地商人の定住とギルドの成立によって始まったこれら上層市民と都市領主との間にみられる緊張によって、その決着点が、一四世紀におけるライン河畔の多くの都市で市民の自治権獲得運動が勝利を収めたということであるという。

それも都市一つで自治が完成したものでなく、諸都市相互の商業的な有機的関連によって成立したものであることに注目する必要がある。

中世都市は諸都市相互の有機的関連によって理解しなければならないということが重要

で国家組織への展望はない。従って末期になると、市民の階層間に重大な緊張関係が生じ、多くの都市は自力で解決することはできなかった、と。

それでは市民の具体的生活はどうだったのかについて一言……。フランスの「サリカ法典」ではゲルマンの「部族法」は家父長制が家族秩序であり、性別の役割分担が完全な形で存在していたという。しかも一二世紀には人間への愛を語るようなメンタリティを物語る話もある（「トリスタンとイゾルデ」は中世盛期における宮廷文学の中心テーマである）。むしろ、愛は当時の聖職者においても興味あるテーマだったとさえいう。もとより、上流階層では婚外交渉も当たり前だと（キリスト教倫理の弛緩か）。

「都市の空気は人を自由にする」という法諺は個人の財産に根ざしており、やがて市民同士の共同生活、都市領主との関係、行政の規制たる「都市法」につながってゆく。そして都市領主と肩を並べて都市の諸権限の行使にもかかわるようになるというから、上級市民による自治か（?）。

上級市民の服装と下級階層市民の服装は違い、この世の生活は原罪に対する罰と考えられて避けることはできない労苦と思われ、生活圏を自ら選ぶことはできなかったという。因みに娼家もあったというのである。

日本と違い、公共の通りには人々の交流のため、戸口に腰掛けがおいてある。一種の都市風俗で、現在の路上カフェの座席はこの中世の試みがもとになっているのではなかろうかとも思える。

パリの特徴は政治・宗教・法律が入り混じっていることである。いうならば、様々な地方から来た住民を一つにまとめて彼等がもつ自意識をば共同体に溶け込ませ、一三世紀からは通称や住所などによって個人を識別する方法を確立していた。こうしたパリ市民の日常生活の特徴を決定付けたのは教会であったという。

第四章　比較「法文化」の深層

第一節　自然と宗教

ここで深層というのは〝心の奥深くにある自我意識〟の決定打は何かを論ずるという意味である。

(1)　読者には節題でお分かりのように、「自然」は日本人、「宗教」は西欧人がそれである。風土が宗教の決定打であることを論じた先覚者は和辻哲郎であるが、筆者はその日欧両者を独立させて、日欧それぞれが法文化の深層に異質なものとして存在することを説明したいと思う。

「自然」については「風土」と題して第一章で概略の説明をしているので一言で済ます。生活にとって必須の「水」の被害、また台風・地震・火山などによる自然災害が多いことが、それらに対庶する日本人の心証に、その場・その場による〝臨機応変〟の自我意識のあり方に決定的性格付けを刻印することになる。

では宗教文化についてはどうか。前章でキリスト教について詳細な解説をしているが、日本の宗教を頭におき比較論的問題点に注目して、換言すれば「一神教と多神教」という観点から問題を論じてみたい。

第二節　一神教と多神教

(1)　キリスト教にみる異端

ローマ法を継受し自治都市を経験した西ヨーロッパは、「社会あるところ法あり」の法諺を熟知しており、その自我意識は法観念について強固なものがあるはず。従って、男女を問わず、相手との会話においては自律的・理論的とならざるをえない。それを支えているのが一神教たるキリスト教である。

換言すれば、ヨーロッパ人の自我意識の玩固さを証拠だてるのが教義上の異説に対する強固な排他的行動であろう。即ち異端攻撃である。

カトリックの例でいえば、異端とされたのはグノーシス、モンタノス、モナルキア、アリウス、アポリナリ、ネストリオス、エウテュケス、ベラギウスを経て、ウィクリフ、フス、ルター……と続き、まさにオンパレード。

宗教改革以後でも「バシーの虐殺」（一五六二年）、「サン・バルテルミーの虐殺」（一五七二年）がある。後者は「ナントの勅令」で終ったが、ルイ一四世はそれを破棄し、「フォンテンブロー勅令」によって弾圧を再開し、フランス革命でようやく自由を回復した。

中世以後の一神教に対する異端観念の乱用といえば、俗説における「魔女」観念を利用した「魔女狩り」ではなかろうか。しかし〝正統〟と〝異端〟をどう区別するのかという問題がある。正統も時代によって変わっているといわれるから〝キリスト教の真理〟との同義に疑問があった場合もあるだろう。

そこで「はじめに言葉ありき」と聖書はいうから、信仰に関する〝やりとり〟があるのは当然であり、時に変化が生ずるのは当たり前としても、西欧文明があくまで自律的・理論的という特長をもつのはいうをまたない。そこで多数派が疑問を抱けば異端視の糸口になるだろう。正統信仰と称するものが〝キリスト教の真理〟と同義ではないと推察しうることがあるはずという問題である。

キリストに関する処女生誕や復活など、この世にありえない信仰が存在することでキリスト教の正統信仰がゆらぐことは当たり前、正統と異端の区別がアイマイになることは知れている。魔女（男もある）信仰が双方の争いのなかにもぐり込めば何が真理か判らなくなる。

一九四八年にようやく世界教会会議で「イエスを一神であり救い主である」ということだけを認めることにしたのであって、中世の魔女信仰は当然の出来事ではないか、またその結果の「魔女狩り」にこそ中世の特性が表現されていると、筆者は思う。

異端審問制度が設立されたのは一二三三年にグレゴリウス九世が発した勅令によってであり、司教裁判権のほかに法王直属のドミニコ会による裁判権がつくられて問題が始まることになる。

最初の苛烈な処刑はドミニコ会士ロベール・ル・ブーゲルが審問官として北フランスのマニ派の異端者一八〇名を焼き殺し、一村壊滅したという。また南仏では異端者を密告しなければ死刑にすると脅したという。これでは自己主張にたけ、法文化のレベル・アップに寄与したことは間違いない。

ベルナール・ギー（異端審問官）『異端審問の実務』によると、無一物の着衣・全財産の放棄により清貧の徳の証とし、神以外の何びとにも服従しないといわせたという。

キリスト教に限らず、一神教では異教や異端に対しては敵か味方かについて厳格な区別をするのが常識だろうと筆者も考えるから、その分派的行動に対し〝剛直な自我〟に従って鉄槌を下すため異端審問が厳格極まることになるのは必然なのかも知れない。

ところで、魔女伝説が吹き始めたのは一三世紀ごろから。やがてその処分として財産没収を命じているので、各地の異端審問官を鼓舞し「魔女狩り」に駆りたてたという。その背景に「バビロン捕囚」と教皇分裂があるところをみると、カトリック政府が危機的状況にあり、異端者摘発に魔女観念を加味した擬似的告発により権力維持に役立たせようとしたのかも知れない。これでは民衆の自我意識は硬直にならざるをえない。

魔女裁判は救いなき暗黒裁判といっていいと思う。主役はカトリックであるが、新教徒も魔女概念をそっくり受けつぎ、熱心な魔女裁判官として加勢した。宗教改革の拠点ドイツは魔女裁判の本場であり、スコットランドでもカルヴァン主義の長老教会によりヒステリックな魔女狩りが行われているという始末である。イギリスのエリザベス女王さえ魔女狩り強化令を発布し、清教徒の支配下でピークに達したという。

何しろ、ルターの『教理問答』には「悪魔」の名が六七回もでてくる、と。しかも信条・教理から逸脱すれば死をもって罰するというから、不寛容の精神では一致しているということになる。処刑者数百人に及ぶという数字は、キリスト磔刑・死の厳しさが援護射撃をしているると考えざるをえないといえば、筆者が日本人だからだろうか。

魔女狩りは、いずれにしてもキリスト教化の限界におきた異常な問題、即ち、一神教化の徹底をはかった問題であり、信徒にとっては信仰の純粋と感情の緊張を強いられた問題である。これではガッチリした自我意識を庶民に持たせることになるのは理の当然である。

「法文化」とは何かについて、改めてその特長を解説しておく必要があるかも知れない。それは「甲」対「乙」という二元的対立思考を基礎にもつという点である。民事法なら原告・被告、刑事法でも検察と被告の双方に言い分があって、一方は他方に対して言い分をきくという二元的思考を要求する。民事事件が主になるが、お互い自者・他者は相手の主張に対しての判断を要求している文化である。

そこでは当然に双方に〝強い自我による主張〟があるはずで、法文化の深層に〝強い自己主張〟あるいは「強固な自我意識」が求められているといえる。

第三節　多神教にみる法文化

日本の話に移り、西欧キリスト教に対する日本宗教における自我意識の相違について論ずる。主たる神祇信仰・仏教が対象である。

(1)　前者は、世に「神道」といっているが、旧憲法時代の「国家神道」のイメージがあるので本書ではそれを避けた。

神祇とは「天つ神」（神）・「国つ神」（祇）のこと、前者は天からくだった神（天照大神＝太陽ほか）であり、後者は地方の豪族の神で出雲大社が筆頭である。社会一般のレベルでは自然神・祖先神・神話神であるが、平安時代に人格神（御霊社・天神）が祀られると、後世には藩主、明治に入ると国に功績のあったものなどが数多く祀られてくる（軍人まで）。

一〇世紀の延喜式に二七編の祝詞が残っているが、いわゆる教典ではなく、一三世紀ごろに成立した「神道五部書」は伊勢神宮の内宮・外宮について外宮を内宮の上におくという意図に基づいて両宮の由緒を述べたものである。

仏教伝来によって神仏混淆が始まると、後には道教も儒教もコラボレーションしてくる。特に道教の影響は大きく〝現世利益〟に集中して、これが神社の喧伝に使われているのが現状である。

(2)　仏教についてはどうか。

日本の法文化は、先にみたように「融通する自我」を基層に置く。とすれば、日本が継受した英・独・仏＝法が日本法にどういう影響を与えているのかが法学にとっての重要課題であろう。しかし、そうした論稿は未だ読んだ記憶はない。その一因に「宗教」がからんでいると筆者は推測しているので、ここでそのことを論じてみたい。

奈良時代の南都六宗は学問仏教で争いの相手がない。が、その後、法相宗の興福寺で名僧といわれた徳一が延暦寺の最澄との間で大論争を交わすことになる。いわゆる「三一権実論争」である（前述）。徳一は奈良をとびだし茨城から福島で布教に熱中し、十を越える寺院の開基となっているが、京都の最澄との間で、仏教史上最大の次のような論争を引きおこした。

平安初期、一乗を唱える天台宗と三乗差別を主張する法相宗の間で行われた論争である。すべてが成仏できる一乗思想が真実か、唯識論に基づく三乗の別（声聞・縁覚・菩薩）が真実かの論争である。

興味を引くのは、前述した京都市条例の目の敵となった京都の清水寺も法相宗（独立して北法相宗と名乗る）という歴史の皮肉であるが……。

融通無礙の日本宗教で「寂静（ジャクジョウ）」（三法印）の境地、いわゆる「さとり」を求め、親鸞の「無礙の一道」に至れば、争いごとは無いに等しく、唯一の例外は日蓮宗の不受不施派が江戸時代に禁教とされたという事例が思いつくだけである。江戸幕府による「踏絵」は一神教に対する禁教であり省略する。

では仏教における自我意識の普遍的性格はどうか。

もちろん一神教に対する多神教として検討するのであり、一神教では信仰の〝純粋〟を問うのに対して、どんな信仰でもよいとの信仰の種類も質も問わない〝あいまい〟が特長である。

神社では拍手だけですむのに対して、仏教では「悟り」の境地にいたる難行苦行の仕方によって宗派が分かれるといってもいいだろう。

そこで仏教の「さとり」の境地にいたる難行苦行の実体について考えてみようと思う。

浄土真宗は、親鸞によって「悪人正機」・「無礙の一道」を説かれ、多数の庶民に強い影響を与えた。この教派はやがて一領国の主となり、日本人の自我意識に阿弥陀仏の限りない大慈大悲の〝さとり〟を教え込んだ。阿弥陀以外は拝まないという一神教的性格をもつ点はキリスト教的であろうが、融通無礙の〝さとり〟はキリスト教と真逆である。

寺院でも神社でも拝礼するという日本文化の多神教の融合的性格は「融通する自我意識」を深層において強く支えていると、筆者は思う。

仏教の各派も数あるなかで、二元的、つまり相手との対話によって「さとり」の境地を知るという宗派がある。臨済宗の「看話禅（カンナゼン）」で、「公案」という名の対話による禅の話である。

有名な公案の例を紹介しよう。

臨済中興の名僧といわれる白隠慧鶴（エカク）の「隻手（セキシュ）の音声（オンジョウ）」といわれる公案である。即ち「両手をあわせ叩いて出る音を聞いたとき片手の音はどんな音か？」と質問するという話である。

相手との二元的会話のようにみえるが、法文化のそれとは異質であり、恩師の立場は裁判における判事役を兼ねているという点が異なる。

真言宗の場合、空海にいたっては「即身成仏」といい、相手は無限大だが、自身の〝さとり〟のみをいう。禅宗については前述の公案による看話禅と曹洞宗による座禅一筋の黙照禅であり、浄土宗法然の念仏三昧というように自身の無我なる〝悟り〟を述べるにすぎず、仏教は相手と争い論ずるという覚悟は必要ないという一元的文化である。

とすれば、ヨーロッパの法を受け入れた時の日本人の自我は、神仏融合を気にしない日本人と同じ気持だったのではないかと想像しうる。法文化の深層にある自我の性格について、〝融通する自我〟を考えても当然の理ということになろう。

その極言が「無礙の一道」（歎異抄）である。

これでは日本の法文化は伝統文化と無関係になる。法学者はヨーロッパの法文化をそのまま学生に教え、法曹家はそのまま日本法文化と考えればよいというのか。それが戦後における法曹家の養成法であり、そこに何の疑問もないと済ませていたのではないか。ただし例外的に参考にできる二例があるので紹介しておこう。

一つは、〝商売上の話し合い〟は古くから行われていたと思う。しかし独禁法で「談合」は違法とされたが、依然として現在も止むことなく行われているため、違法として新聞紙上のネタにされていることは止むことがない。伝統的商法の生き残りと思われるふしがあることはジャーナリズムも理解の上のことだろう。

二つ目は、刑事法における「死刑」の問題である。多くの先進国は廃止しているので、日本の存置論が話題になる。最高裁判事を務めた団藤重光の最晩年の著作は『死刑廃止論』であったが、民衆の過半数が存置論だという世論調査の結果がある。刑事法の大先輩で法務省特別顧問を務めた小野清一郎は存置論であった。彼は仏教学者としても有名で、東京西本願寺で長年「仏教法話」を務めた人であり、存置論の背景に「因果応報」の観念があったからだろうと筆者は推測している。

しかもこれらは窮極的に〝我が身〟の問題であって相手はいない。つまり法文化とは無縁の話である。法の二元論（原告・被告）に則していえば、ヨーロッパの〝神と人〟との二元論に対して日本は〝悟り〟の一元論であり、「無我」を強調することもある。

これではヨーロッパのように法文化の深層にとって役立たずどころか反対語としかいいようがない。いずれにしても日本の法文化を支えてくれる宗教文化は無に等しいという結果になる。

ここまで論じてくれれば、〝欧日比較法文化論〟の宗教上のテーマについて、ここで一口にまとめることができると思う。

(1)　ヨーロッパ　①二元的文化＝当人対神の子
②正統と異端との厳格な区別
③長期に渉る法的訓練による自我意識の強い論理性

(2)　日　本　①一元的文化＝本人の「さとり」のため
②何でも有りの信仰
③忖度の配慮＝大岡裁き

信仰のこの大きな違い、日本の場合、信仰心が法文化に影響を与える歴史的チャンスがなかったということか。いや「日本宗教」は法文化否定に帰着することに……（？）。

〔参考〕　ここまで引用しなかったが、矢崎光圀「法をめぐる異文化相互の距離と接合」（法哲学年報一九八六年）が本書の理解に役立つだろうと思う。論考の展開方法が本稿と異なり利用することを遠慮した、念のため。

終章　憲法文化について

最後に筆者の専門は「憲法」であるから、一言でも憲法文化について述べるのが、執筆上の責任であろう。

第一節　民主政治について

(1)　民主政治とは民主主義に基づく政治のことである。言い換えれば、有権者の「世論による政治」のことである。具体的には各選挙区における有権者の投票により当選したものが議員となり、彼らの活動によって行われる政治である。

従って端的にいえば、選挙区の決め方により当選人に変動を生ずること請け合いである。とすれば、時の政権党は自己政党に不利な選挙区をつくることはないだろうし、さらに候補者は三バンに強い人を選ぶのは理の当然である。

三バンとは〝カバン〟・〝地盤〟・〝看板〟のこと。カバンは金（カネ）、地盤は親が議員であったなどのような選挙区で地の利を占めている人、看板は選挙区で名の知れた者なら誰でもをいう。これでは、世襲の候補者が選挙人の投票を金で買う（？）ことがふえるばかりで、選挙の自由は投票を金で売り買いするチャンスとなり、民主政治は名ばかりである。一番多いのは親が政治家・ジャーナリズムで名の知れた者、選挙資金の豊富な者ということになり、人格・政治的能力は二の次になる。

大臣は資質もさることながら、当選回数が物をいい、専門性は軽視されがち。証拠は野党の質問に対する答弁があいまいで、都合の悪いことは「記憶にございません」とまず逃げの一手。

これでは民主政治は衆愚政治になっているのではないかというのが筆者の感想である。なにしろ投票率は有権者の六割か七割（もっと少ないか）で、政権党は多くてもその七割なら、政権党支持者は有権者の半分にも満たないという現状である。政治に対する有識者には三バン選挙に呆れて総選挙に無関心になっていると思われる人がかなりいるというのが筆者の感想である。

打開策はとりあえず政権交代の可能性をつくる方法を考えるべきで、そのための選挙区をどう造るかが問題である。

これまでに実施された数少ない例で考えると、参議院選挙における「全国区」があるが、テレビ出演のタレントに票が集まるのは当然で、デモクラシーの理念だけから考えれば、候補者の資質が問われるものにしなければ真の民主政治の実現は無理だろう。

衆議院は〝数の政治〟、参議院は〝理の政治〟といわれる（尾高朝雄）理念から考えて、かねての無党派集団の「緑風会」に魅力があったが、政党に呑み込まれて尻つぼみに終ってしまっているところをみると、法文化の観点からいえば、有権者にその魅力を評価しうる能力が備わっていなかったためであろう。

民主主義を身につけるには長い年月がかかると宮沢俊義はいったが、そう推察せざるをえない大問題なのである。

とりあえずは、独立機関としての「選挙制度審議会」を日本法文化の欠点をよく識る有識者を集めてつくり、名案を考えてもらうより外に方法はないだろう。

その望みが期待できるのは、「表現の自由」をもとに、「ライト・トゥ・ノウ」（知る権利）を土台に「公文書公開制度」をつくりだしたという民主主義の実績に期待して先進国から学びとれるはずである。

しかし、それにつけても、「個人の尊厳」を基に有権者の政治的自尊心を高める工夫を考えて〝責任ある個人の自我意識〟を教育する必要があるだろう。まずは「三バン」を度外視できる気持をもたせることは、さほど困難ではないはず……。とにかくにも現在の〝衆愚政治〟から抜け出さないことには……。

第二節　立憲政治について

憲法制定当初は、時の政府も九条二項について「自衛権」をも放棄したとしていたが、芦田修正により「前項の目的を達成するため」が挿入されたことで、自衛戦力は放棄していないといわれるようになった。

そのため日米安保条約について「日本防衛のための戦力は違憲ではない」との解釈が説かれてからは、「交戦権」の拡大解釈が行われ、憲法はそのままに違憲の疑いが強い条約とそのための執行法規が内閣によって主張されるようになった。「解釈改憲」と自称する珍妙なる政治用語が二度も使われたという憲法問題である（ドイツにおける「憲法変遷」の前例は議会の成行きにより生じた場合で本件では使いにくかったろう）。

最初の「解釈改憲」は攻撃用武器をもたない海外派兵について内閣法制局が「解釈改憲」なる迷案を考えたが、二回目はイージス艦の海外派兵でさすがに法制局も承諾しなかったし、参考人として国会に呼ばれた憲法研究者三名（一人は自民党推薦）は全員が違憲だと述べた。そこで法制局長官に外交官を据えて国会の審議を通したという無茶な議事を行ったのである。

日本憲法の政治制度は「議院内閣制」であるが、現状は「内閣政治制」である。読者はこの一連の内閣の政治手法をどう考えているのだろうか。

憲法改正をせずに憲法規定と異なる制度が暗黙裡に成立した例はドイツに一例が歴史的に存在する。ワイマール憲法に定めた議会について「定期的」に行うとされていた規定は改正せずに「通年制」に変えたという例で、イェリネック（?）は、それを「憲法変遷」と名付けた。

日本国憲法九条について自衛隊設置のさい、「憲法変遷」との観念で説明した日本の専門家もあった。しかし、この観念は重大な変更には使えないというのが、当時の日本人研究者の通説であったし、筆者もそう考えている。

比喩的にいえば、こうだろう。アメリカの意向を忖度し、日本も「核のカサ」の利のもとで、相互安全条約をつくればいいと考えた結果が「解釈改憲」という新語を生んだ名（迷）案であり、条約と憲法の優位がどちらかなど問う余裕はなかったということなのだろう。何しろ憲法自身が日米合作であろうから（?）。

いわゆる高度の〝統治行為〟であったということである。

こういうことになると、九条の平和主義の将来は何でもあり、まさに「無礙の一道」（親鸞）ということになるのではなかろうか。

第三節　司法について

法文化の観点からみて、興味のあるのは最高裁判所である。

旧憲法時代の「大審院」に較べると特徴が多い。いうまでもなく三権分立制の下での司法権の最高機関であり、合憲違憲の判断ができるという点に注目すると、文字通りの出世（？）といえるからである。

しかし、それにもかかわらず、実状はいかにも控えめといえよう。筆者がここで取り上げたいのは、その違憲審査権の中味である。

芦部信喜による「合憲性判定基準」という立派な論説もあるが、ここで取り上げたいのは「統治行為」なる論点である。具体例をあげれば先述の「解釈改憲」という政府見解など最適例である。三人の議会における学者の参考意見は共に違憲であった。しかし、最高裁判所の憲法判断は高度の政治行為であるという理由で判断しないことが予想されると政府は考えている。問題である。

内閣の政治に対して「統治行為」であることを理由に憲法判断を避けた事件は、昭和三二年の安保条約に基づく土地収用に対する反対運動によって始まった刑事事件に対するいわゆる砂川事件第一審判決によって始まった。飛躍上告による昭和三四年の最高裁判決が〝高度の政治性を有する国家行為〟は内閣・国会の自由裁量行為であり、終局的には国民の判断によるものであるからという。

戦後数十年は違憲判決の少なさが批判され、〝司法消極主義〟などと冷やかされていた。とりわけ憲法九条をめぐる違憲訴訟については、前述の如く「統治行為」論によって、判断しないとの結論をとったことから、専門家の評価も二派にわかれることになる。

ひとつはもっと積極的な立場の主張で、ドイツのような憲法裁判所的地位を与えたらいい（伊藤正己）という立法論に対して（フランスも憲法院を新設した）、統治行為に類する法律問題は国民の判断が望ましいという現在の立場を主張するもの（横田喜三郎・我妻栄）である。日本法文化からの判断は後者であるが、いかがだろうか。

第四節　基本的人権（とくに「個人の尊厳」）について

(1)　第二次大戦後旧憲法から百八十度転換したのが戦時中の全体主義からであり、「個人の尊厳」となった。宮沢俊義はそこを捉えて「個人の尊厳」とは「全体主義」とは正反対の「個人主義」のことであると説いた。

しかし日本人は一元的自我意識のみであるからせめて「察する心」でもなければ全くの自己中心主義もしくは個人の〝好き勝手主義〟になってしまう（しまった!!）。とりあえずは家族である。まず〝年より〟が、次は幼児がその犠牲となった。親殺し・幼児殺しの増えたこと……。親孝行は当然に死語となった。さらに大都会の中間社会の消滅、「隣りは何をする人ぞ」である。都市における隣近所同士のミーティングなどのヨーロッパ人の中間社会の日本版なんて見たことも聞いたこともない。せいぜい人口まばらの市・町・村の祭の時ぐらいであろう。都市社会の実体は、会社仲間の終業後におけるバー仲間による上司批判の〝飲み会〟であろう。

対してヨーロッパでは〝家族社会〟を大事にしていることは昔と何も変わらない。のみならず、肉体的弱者に対するイタワリ心や老人に対する思いやりは日本人に理解できないくらい厚い。

第五節　おわりに

最後に「地方自治」について書くつもりでいた。しかし、〝三割自治〟の説明が中心で、金銭の問題がからんでくるので、経済学の話はしないつもりで本書を書いてきたため、ここまで来て原稿枚数も満杯に近くなったので、本筋の話題はここで打ち止めにしようと思う。

あとは総括ということにしたい。

「社会あるところ法あり」といわれる。

日本にも古来より法がある。いわゆる「律令（格式）」である。律は刑法、令は行政組織で、格式はその補助法である。九世紀には形骸化している。

以後は幕府の法と錯綜……。国内統一法は明治に入ってからの西ヨーロッパ法の継受によって始まるが、それが日本の伝統文化とどうかかわりあうかについて、これまでながながと述べてきたわけであるが、それとは全くかかわりがなかったというのが、いわば結論である。

言いかえれば、法学研究者にとって、このまま日本文化と無関係に法を論ずればいいと、“専門馬鹿”をきめこんでいるわけである。しかし、これまでの日本文化は各種外国文化の輸入にともない伝統文化とコラボレーションしてきたわけで、法についても法文化として考えてみたいというのが筆者の本書執筆の動機であった。

再度言いかえれば、伝統文化と西欧法文化のコラボを考える必要があるかないかの問題であるといえばいいだろう。

〔参考〕日本法哲学会による年報（一九八六年）は『東西法文化』と題する。その中に、五十嵐清「法系論と日本法」、利谷信義「西洋法と日本法の接点」が収録されており、特に後者は本稿読者にとって参考になるが、筆者の説明の筋がボケルので敢えて省略した。

あとがき

・「人間は社会的動物である」、
・「社会あるところ法あり」という。
従って、「憲法」の研究に当たって、社会の実相を研究することは当然である。ところが社会には様々な要素があり、学問にとっては社会の何を研究対称とするのかがさまざまである。

大学によっては社会学部があって、社会の何を研究対称とするかにつき細々と学科が別れているというのが現状である。

法学部ではどうか。社会法学科ナンテ聞いたことはないし、法学研究の対象はいうなれば、すべての科目が〝社会研究〟を対象にしているともいえる。しかし、日本文化の法学的研究については、その総論的研究はない。

しかし法学研究と並んで、政治学研究は、いわば親戚関係みたいなものでありながら、政治文化研究は珍しいことではない。しかし法社会学研究はあっても法文化研究というのは、ないのが当たり前である。

あとがき

「法文化」という言葉について解説した辞典が滅多にないということが、この現状を物語っている。〝それは何故か〟について私は一九六〇年代から気になっていた。

それから、もう長年たっており、恥ずかしい話である。政治文化の観念は議論できても、「法文化」について、何をどう議論すればいいのかについて、いわば研究方法について全く見当がつかなかったというのが本音である。

その経緯を知りたい人は、拙著の『憲法社会体系Ⅲ』（一九九九年・信山社）を読んでいただきたい。憲法研究者のほとんどが〝憲法解釈論〟にとらわれているのに対し、私が規範の外側から憲法を論じていたということがよく判るはずである。

124, 151
深作光貞　56
復本一郎　104
藤田宙靖　80
藤原惺窩　99
フリードマン，Ｊ・Ｍ　19
ヘーベルレ，Ｐ　19
ベルナール・ギー　180
ベール・ル・ブーゲル　180
穂積陳重　14

〔ま行〕
増田四郎　146
間庭充幸　75
丸山眞男　43, 47, 49, 51, 53, 83, 89
南博　63, 66
源了圓　73
宮城音弥　60
宮沢俊義　192, 197
武者小路公秀　35
村上泰亮　77
望月信成　103
本居宣長　53, 101
森嶋通夫　76

〔や行〕
ヤコブ・ブルックハルト　153
矢崎光圀　189
山口諭助　105
山崎正和　76, 77
山田晟　40
山本正男　106
ヤン・フス　149
ユスチニアヌス一世　133
横田喜三郎　196
横山大観　22

〔ら行〕
利休　104
ルイ一四世　179
ル＝ゴフ，Ｊ　153, 157
ルース・ベネディクト　57
ルター　181
ロムルス‐アウグストゥルス　137

〔わ行〕
我妻栄　196
和辻哲郎　24, 40, 87, 177

著作者索引

グーテンベルク　154
クーランジュ，F　129
グレゴリウス九世　180
クロヴィス　134, 137
孔子　100
小坂井敏晶　86
小坂国雄　91
コーラ，J　3
今野国雄　148

〔さ行〕
最澄　184
三枝博音　42
佐々木健一　107
佐々木高明　72
佐藤誠三郎　77
慈円　17
釋迦　100
シャルル七世　156
シャルルマーニュ　154
シュジェール　162
ジョーダン，T・G　142
ジョット　155
ジョン・ウィクリフ　149
親鸞　184, 185
ソクラテス　100

〔た行〕
大應　99
大燈　99
田中直樹　83
田辺元　94
ダンテ　155
団藤重光　187
恒藤恭　2, 4
デュトワ　111
寺田寅彦　40
土居健郎　52
徳一　184
利谷信義　199
ドナルド・キーン　38
ドブシュ　157

〔な行〕
中村元　8, 70, 83
西田幾多郎　102
仁戸田六三郎　61
野田良之　5

〔は行〕
芳賀綏　34
白隠慧鶴　186
長谷川櫂　95
濱口恵俊　90
樋口清之　58
樋口陽一　79, 82
ピタゴラス　96
フィリップ・オーギュスト

著作者索引

〔あ行〕

会田雄次　51
アウグスティヌス　135
アウグストゥス　132
荒木博之　73
アルフォンス・ドブシュ　138
アルフレッド大王　136
アンドレ・マルロ　126
イエス　156
イェリネック　194
五十嵐清　199
イザヤ・ベンダサン　51
石田英一郎　39, 73
石田一良　39
伊藤正己　196
稲富栄次郎　51
井上哲郎　45
インノケンティウス三世　151
植田重雄　148
エリザベス女王　181
オースマン　126
大塚久雄　83
尾高朝雄　192
小野清一郎　187

〔か行〕

柿本人麻呂　24
数江敬一　103
加藤唐九郎　59
加藤弘之　15
唐木順三　97
カラヤン　111
カール大帝　141, 144
河合隼雄　74
川島武宜　83
川本彰　75
関山　99
カント　84
韓非子　17
木岡伸夫　122
木村敏　57
キリスト　100, 166
金田一春彦　55
クィントゥス・ムキウス・スカエウォラ　133
空海　186
九鬼周造　102
草薙正雄　106
楠木正成　13
久野収　iii
公文俊平　77

〔著者紹介〕

池田政章（いけだ・まさあき）

1926年　金沢市に生まれる

1954年　東京大学法学部卒業

1966年　立教大学法学部教授

現　在　立教大学名誉教授

〈主要著作〉

憲法社会体系〈１〉　憲法過程論（信山社，1998年）

憲法社会体系〈２〉　憲法政策論（信山社，1999年）

憲法社会体系〈３〉　制度・運動・文化（信山社，1999年）

古寺遍歴―法文化の深層を尋ねて（信山社，2001年）

法文化論序説（上）（下）（信山社，2018年）

憲法問題研究会メモワール（信山社，2018年）

入門・法文化論

2021年12月10日　初　版第１刷発行

編著者　池田政章

発行者　今井貴　渡辺左近

発行所　信山社出版

（113-0033）東京都文京区本郷 6-2-9-102

TEL 03-3818-1019

FAX 03-3818-0344

印刷　亜細亜印刷株式会社

製本　日進堂製本

ISBN978-4-7972-2371-2　C3332

池田政章　著作一覧

憲法社会体系〈1〉憲法過程論（1998年）

憲法社会体系〈2〉憲法政策論（1999年）

憲法社会体系〈3〉制度・運動・文化（1999年）

古寺遍歴――法文化の深層を尋ねて（2001年）

法文化論序説（上）――第1章～第6章（2018年）

法文化論序説（下）――第7章・第8章（2018年）

憲法問題研究会メモワール――1958～1976年（2018年）

信山社